读史衡世·名将篇

再造大唐 郭子仪

李晨 ◎ 著

华中科技大学出版社
http://press.hust.edu.cn
中国·武汉

图书在版编目（CIP）数据

再造大唐：郭子仪/李晨著. —武汉：华中科技大学出版社，2023.8

ISBN 978-7-5680-9861-8

Ⅰ.① 再… Ⅱ.① 李… Ⅲ.①郭子仪（697-781）－生平事迹
Ⅳ.① K825.2

中国国家版本馆CIP数据核字（2023）第137846号

再造大唐：郭子仪
Zaizao Datang：Guo Ziyi   李 晨 著

策划编辑：亢博剑
责任编辑：陈 然
责任校对：刘小雨
封面设计：**VIOLET**
　　　　　Q1152979738
版式设计：曹 弛
出版发行：华中科技大学出版社（中国·武汉）　　　电话：（027）81321913
　　　　　武汉市东湖新技术开发区华工科技园　　　邮编：430223
印　　刷：天津中印联印务有限公司
开　　本：880mm×1230mm　1/32
印　　张：8
字　　数：190千字
版　　次：2023年8月第1版第1次印刷
定　　价：49.80元

郭子仪被誉为"中唐第一名臣"，历仕唐玄宗、唐肃宗、唐代宗和唐德宗四朝，他一生戎马，平定安史之乱，经营中唐西部、北部疆域，长期执掌兵权，功勋卓著，手下名将如云，位至汾阳郡王。他的八子七婿皆为朝廷重官。欧阳修在《新唐书》中赞他"人臣之道无缺"，后人称他为"福禄寿考兼备"的"五全老人"。郭子仪去世后，朝廷追赠他为太师，赐谥号忠武，配飨代宗庙廷。

自古以来，功高震主，一直是战功赫赫的武将难以善终的重要原因，在安史之乱时期也是如此。在安史之乱平定后，被誉为"中兴第一"的李光弼饱受朝中小人谗言，他遂拥兵不朝，声名受损，因此愧恨成疾，最终于764年去世，时年五十七岁。战功赫赫的仆固怀恩也遭到朝中宦官的陷害，最终被逼谋反，于愤恨难平中去世。但是郭子仪始终没有步这两个人的后尘，在大部分时间里都能得到皇帝的重用，寿终正寝。

为什么郭子仪可以寿终正寝呢？最重要的原因就是郭子仪始终坚持一条处事原则——强者示弱。

郭子仪于697年出生于华州郑县，早年参加武举，成绩优异，以"异等"成绩补任左卫长上，由此开启了自己的军旅生涯。在此后的数十年时间里，郭子仪先后担任桂州都督府长史、单于都护府副都护、安西副都护、北庭副都护等职务，这期间郭子仪的足迹遍布大唐的北境和西境。749年三月，郭子仪升任左武卫大将军，正式步入高级武将的行列。后来，郭子仪又兼任西受降城使、九原郡太守、朔方节度右厢兵马使等职。

此时的郭子仪已经五十多岁，但是历史的发展让他从此开始闪耀。755年十一月，安禄山起兵叛乱，安史之乱爆发，唐玄宗急忙任命郭子仪为朔方节度使，率军平叛。郭子仪侍上忠诚，对下宽厚，对部下的仁爱使得将士们对他非常崇敬，愿意在其麾下效命。首战郭子仪即率军收复静边军，斩杀叛将周万顷，此后连战连捷，因功加封御史大夫。756年，郭子仪率军出井陉关，与史思明大战于嘉山，大败叛军，斩首四万余级，史思明仅以身免。

但是此时唐军遭遇潼关大败，安禄山率军攻占长安，唐玄宗狼狈逃往四川，太子李亨在灵武继位，是为唐肃宗，于是郭子仪率军五万前去勤王。唐肃宗任命郭子仪为兵部尚书、同中书门下平章事，仍兼朔方节度使，将军国大事委托郭子仪处理，由此郭子仪开始了收复两京的战斗。

此时叛军连战连捷，兵锋甚锐，郭子仪收复两京的战斗非常艰难。757年五月，郭子仪率军进攻长安，与叛军大战于清渠，唐军失利，军资器械损失无数。但是唐肃宗依然对郭子仪信任有加，任命郭子仪为天下兵马副元帅，随从广平王、天下兵马元帅李俶率十五万大军再度进攻长安。郭子仪率军与叛军大战于香积寺，大获全胜，斩首六万，俘虏两万，一举收复长安。

随后郭子仪再接再厉，继续东进洛阳，率军与叛军战于陕州，叛军大败，尸横遍野，唐军乘胜收复洛阳，至此郭子仪完成了收复两京的壮举。唐肃宗对郭子仪说道："虽吾之家国，实由卿再造。"

安禄山死后，为彻底消灭叛军，唐肃宗集结了郭子仪、李光弼等九名节度使麾下数十万大军，大举进攻安禄山之子安庆绪占据的邺郡。但是唐肃宗任命的最高指挥官鱼朝恩不懂军事，指挥无方，致使邺郡久攻不下。759年二月，史思明率大军支援安庆绪，唐军大败，鱼朝恩却把责任推到郭子仪身上，唐肃宗遂剥夺了郭子仪的兵权，郭子仪欣然接受。

此后几年的时间里，郭子仪绝大部分时间都赋闲在家，他也就没有参与安史之乱后半段的几乎所有战斗。虽然在这个过程中，唐肃宗进封郭子仪为汾阳郡王，给了郭子仪崇高的地位，但是对于郭子仪来说，无法驰骋沙场依然是一个巨大的遗憾，但他始终未发一言，听从皇帝的安排。

763年，安史之乱终于被平定，看起来天下太平，但是历史的发展并没有给郭子仪悠闲度日的机会。此时大唐国力虚耗，疲弱不堪，西方的吐蕃和回纥趁机不断侵扰唐朝边境，郭子仪挂帅出征，再赴疆场，这一走就是十余年。

763年冬，吐蕃大举入侵，唐代宗仓皇逃离长安，长安陷落。郭子仪临危受命，率领唐军驱逐吐蕃军队，再次收复长安，唐代宗下诏赐郭子仪铁券，绘像凌烟阁。765年，回纥和吐蕃联合大举进攻唐朝，郭子仪单骑入回纥大营，利用自己之前和回纥的交情，对回纥人晓以利害，最终回纥人不但撤军，还和唐军一起击败吐蕃军队。郭子仪单骑退回纥，成了彪炳史册的英雄故事。

此后十余年里，郭子仪镇守西境，牢牢捍卫着大唐的边疆，直到779年，已经八十多岁的郭子仪获准退休，至此结束了自己的戎马生涯。781年，郭子仪去世，享年八十五岁。

郭子仪人生中最辉煌的时刻莫过于757年收复两京。当唐肃宗说出那句"虽吾之家国，实由卿再造"的时候，郭子仪的反应是"顿首陈谢"。此后不管自己立下什么样的功劳，郭子仪始终在皇帝面前毕恭毕敬，"盛气凌人""居功自傲"之类的词汇，从来都是与郭子仪无关的。

郭子仪之所以会在巅峰时刻被罢免兵权，主要是由于鱼朝恩等宵小之徒进谗言，但是郭子仪从来没有对鱼朝恩等人采取过任何报复措施。后来郭子仪父亲的坟墓被人盗掘，世人都怀疑是鱼朝恩所为，但是郭子仪并没有怪罪任何人，只是说这是自己当年纵兵掘他人坟墓的报应。后来郭子仪的种种做法，甚至感动了政敌鱼朝恩。鱼朝恩感慨道："非公长者，得无致疑乎？"

郭子仪不仅自己多次推辞皇帝的加封，对自己的家人也是严格要求。郭子仪的儿子驸马郭暧曾和妻子升平公主发生口角，郭暧脱口而出道："汝倚乃父为天子邪？我父薄天子不为！"郭子仪听闻此事后，立刻把郭暧关起来，自己去向皇帝请罪，唐代宗并未怪罪，但是郭子仪依然将郭暧杖责数十。

试问，郭暧说的话有错吗？并没有。郭子仪有能力拥兵自重、目无朝廷吗？当然有。郭子仪有资格居功自傲、盛气凌人吗？答案也是肯定的。实际上在那个时候大部分的功勋宿将基本都是这样的，但是唯独郭子仪谨小慎微，始终谨守臣子之道。甚至在自己的汾阳王府，郭子仪四门大开，无论是王公贵族，还是市民商贩，欲求见者皆可随意进出，以此来彰显自己的坦荡无间，以取得皇帝信任。

郭子仪这种强者示弱、谦恭退让、与世无争的品格为其赢得了巨大的声誉，当时的人们无不交口称赞郭子仪的美德。当时有这样一个故事：田承嗣割据魏州时，骄横无礼。郭子仪遣使至魏州，田承嗣却向郭子仪所在的西方跪拜，并指着膝盖对使者道："兹膝不屈于人久矣，今为公拜。"李灵耀占据汴州时，不管公私财物，只要经过汴州，一律扣押。而郭子仪的财物经过他的辖区时，李灵耀非但不敢扣留，还命人护送过境。

郭子仪这种崇高的品格不仅感动了当时的人，其盛名也传之后世，流芳千古。时至今日，人们依然将郭子仪作为贤臣、名将、道德楷模而加以尊崇。

北宋时期，名臣范仲淹曾经作诗赞誉郭子仪：

令公名望冠萧何，菖亳储勋汝更多。

心服蛮夷都将相，身扶国祚宰山河。

钧衡屡秉分轻重，鼎鼐端居召致和。

国像凌烟为第一，名镌金石永难磨。

目录

第一章 早年经历：天涯漂泊我无家

第一节　家世出身

郭子仪出身的郭家，是一个世代官宦之家。郭家最早的祖先据说是郭亭。郭亭曾经在楚汉之争中追随刘邦，西汉建立之后，被刘邦封为阿陵侯。但是后来因为战乱，郭家家谱失传，所以并没有确切史料能够证明郭家的祖先是郭亭。

有据可查郭子仪最早的祖先是他的七世祖郭智，郭智曾在北魏末年担任中山郡太守。郭智的儿子是郭徽，西魏末年，郭徽担任同州司马，当时杨坚的父亲杨忠刚好担任同州刺史，因此郭徽与杨忠交情匪浅。北周时期，郭徽官至洵州刺史，被封为安城县公。隋朝建立后，因为与杨忠的旧交，隋文帝杨坚任命郭徽为九卿之一的太仆，负责管理宫廷御马以及相关的国家畜牧事务。

郭子仪的五世祖名叫郭弘道。隋文帝时，郭弘道曾担任通事舍人、沧州长史。隋炀帝时，郭弘道入朝担任尚食奉御，负责帝王膳食。当时，李渊与郭弘道同朝为官，任殿中少监，二人往来频繁，感情愈加亲密。郭弘道曾经对李渊说："公天中伏犀，下相接于眉，此非人臣之相，愿深自爱。"李渊取出郭弘道的银盆放在地上，说道："向言有验，当一发中之。"李渊拉弓射箭，一发即中，李渊非常高兴。郭弘道说："愿公事验之后，赐赏金盆。"李渊一口答应。

武德元年（618年），李渊称帝，建立唐朝。李渊没有忘记当年许下的诺言，武德三年（620年）三月，郭弘道自洛阳前来投奔李渊，被李渊任命为同州刺史。后来，郭弘道入朝担任卫尉卿，负责皇宫禁卫，并被李渊封为郜国公。郭弘道深受李渊信任，每次郭弘道奏事，李渊都特令升殿而见。

郭徽和郭弘道分别和隋、唐皇室搭上了关系，得到了皇帝的重用，成为朝中重臣，郭弘道更是被册封了"国公"这样高的爵位。隋文帝统一中国后，设九个分封等级：国王、郡王、国公、郡公、县公、侯、伯、子、男。唐代基本沿袭隋制，分为王、嗣、郡王、国公、郡公、县公等。因为"王"一般只有皇室成员才能获得，所以国公基本上就是非皇族出身的人所能获得的最高爵位。郭家也至此发展到鼎盛。

常言道，盛极而衰，就在郭家势力达到鼎盛的时候，一场厄运正在向这个家族袭来。

郭弘道有两个儿子，长子名叫郭广敬，次子名叫郭履球。在父辈的庇荫之下，作为长子的郭广敬的从政生涯起初非常顺利，在唐太宗和唐高宗前期，郭广敬先后担任右屯卫大将军、太子左卫率、上柱国、左威卫大将军等要职，但是一场无妄之灾彻底改变了这一切。

郭广敬有一位好友，叫上官仪。龙朔二年（662年），上官仪成为宰相，权重一时。当时，皇后武则天深度参与政治，独断专行，经常压制唐高宗，引起了唐高宗的不满，于是唐高宗想把武则天废为庶人，便密召上官仪前来商议此事。上官仪对此表示支持，他说："皇后专恣，海内失望，宜废之以顺人心。"唐高宗便命上官仪起草废后诏书。武则天得到消息，向唐高宗辩解。唐高宗又不忍废后，他怕武则天生气，于是就说："上官仪教我。"因此武则天对上官仪非常愤恨。

麟德元年（664年）十二月，武则天指使亲信许敬宗诬陷上官仪、王伏胜勾结废太子李忠，图谋叛逆。不久，上官仪被下狱，随后与儿子上官庭芝、王伏胜一同被处死，家产被抄没。此事本来和郭广敬没有任何关系，但是心狠手辣的武则天认为郭广敬与上官仪是同党，于是把郭广敬贬为隰州刺史。遭此无妄之灾，郭广敬极度愤懑，但是又无处申辩，不久就抑郁而终。

此后，唐朝进入了武则天统治时期。作为武则天曾经惩罚过的罪人之家，郭家自然不可能再得到朝廷的重用，因此郭家迅速衰落。郭广敬的遭遇直接牵连到了自己的弟弟郭履球，郭履球最终以金州司仓参军这一官职致仕，这是一个负责租调、公廨、仓库等仓谷事物的微不足道的八品小官。郭履球就是郭子仪的高祖父。

在此后的几十年里，郭家的后代都没有当上什么大官。郭履球的儿子，也就是郭子仪的曾祖父郭昶，只做到了凉州司法参军，负责执法理狱，督捕盗贼，追赃查贿，只是一个七品小官。郭子仪的祖父郭通更差，曾经担任的官职只是京兆府美原县主簿，负责县内的文书簿册，品级更是只有九品。曾经显赫一时的郭家就要在下坡路上直冲谷底，不过好在老天有眼，一个人的出现终于让郭家扭转了颓势，开始有了复苏的希望，这个人就是郭子仪的父亲——郭敬之。

郭敬之，生于唐高宗乾封二年（667年），据史料记载，郭敬之"身长八尺二寸，行中絜矩，声如洪钟，河目电照，虬须猬磔"，也就是说郭敬之身材魁梧，目光如炬，满脸络腮胡，一副英武之相。生长于官宦之家，郭敬之的文化水平自然不会差，再加上他外形威武刚猛，所以他很快就成长为一个文武兼备的人才。在步入仕途之后，郭敬之担任过一连串的职务，包括：

涪州录事参军，品级为七品至九品，负责监察事务；

瓜州司仓，与其曾祖郭履球担任的司仓参军类似；

雍北府右果毅加游击将军，品级为五品至七品，唐朝折冲府的副长官；

宁王（唐玄宗李隆基的哥哥李成器）府典军，品级为五品，负责管理王府卫队；

金谷府折冲兼左卫长史，品级为四品至五品，唐朝折冲府的长官；

原州别驾，品级为六品至七品，为州长官的助手；

左威卫中郎将兼监牧南使，正四品武官；

渭州和吉州刺史，正四品文官。

通过上面的这份履历可以看出，郭敬之的起点和他的父辈并没有什么区别，都是从微末小官做起，但是他凭借着自己的能力和努力，一步步前进，最终做到了正四品的职位，这可是郭家几十年来从未有过的"辉煌成就"。能够升到这个位置，郭敬之可以称得上是郭家的骄傲了。

不过郭敬之的好运还远远没有结束。当时的宰相、门下省长官侍中牛仙客在结识了郭敬之之后，对郭敬之的能力非常欣赏，所以向朝廷举荐了郭敬之。此后，郭敬之先后担任了绥州和寿州刺史，虽然依然是刺史，但是郭敬之获得了很多其他的头衔，先后被授予太中大夫、上柱国。

想要了解这两个头衔，我们有必要先对唐代的官职系统有一个简单的了解。

唐代的官制比较复杂，简单来说分为职事官、勋官和散官。职事官指的就是实际担任的职务，郭敬之担任的州刺史就是职事官。勋官是赏给立功军士的一种荣誉称号。散官是表示官员等级的称号，它是相对于职事官而言的。职事官都是有具体职务的官职，而散官并没有相应的职务，仅仅作为一种象征个人等级的称号，如果做一个不太恰当的类比，相当于现在的"享受某某级待遇"。

"太中大夫"原本是秦汉时期的官职，位居朝中诸大夫之首，负责侍从皇帝左右，掌顾问应对、参谋议政、奉诏出使之事，多以宠臣贵戚充任。到了南北朝时期，太中大夫成为安置老病大臣的闲散职务。到了唐朝，太中大夫成为散官头衔之一。当时散官头衔分为文散官和武散官，各有十二级，太中大夫在其中属于文散官第八级，一般被用来授予四品左右的官员。

"上柱国"起源于南北朝时期。在西魏建国初期，因为宇文泰有建国大功，所以西魏皇帝便任命宇文泰为柱国大将军，作为全国最高武官。此后，西魏又先后有七个人被授予柱国大将军的官位，这八个人合称"八柱国"。到了隋唐时期，柱国逐渐由实职变为勋官。在唐朝初年，勋官共有十二个等级，其中上柱国是最高等级。

通过这些历史记载可以看出，虽然郭敬之算不上位极人臣，但是也算朝廷高官，这为后来郭子仪的出人头地奠定了重要的基础。

百余年来，郭家经历了风风雨雨、荣辱兴衰，这种家族经历也对后来的郭子仪产生了深刻的影响。在朝为官，历来就是一件充满了风险的事情：面对皇帝，伴君如伴虎，君王的喜怒哀乐可以瞬间决定一个人的前途命运甚至生死；面对同僚，朝中政治斗争波谲云诡，到处都充满了明枪暗箭。即使你一直明哲保身，毫无过错，依然有可能会遭遇无妄之灾。郭广敬就是个典型的例子。

家庭是人生的第一所学校，父母是第一任启蒙教师。家庭的熏陶、先人的遗训，对于一个人品格的形成、智力的开发、学识的奠定、情操的陶冶，都会产生相当深远的影响，郭子仪也是如此。郭子仪最为后世所称道的特点之一就是他的处世之道，郭子仪淡泊名利，从不争名夺利，身居高位却屡次忍辱退让，正所谓强者示弱。郭子仪之所以如此为人处世，除了他自身的阅历和性格特点外，也受家族兴衰的经验教训的影响。

第二节　武举及第

公元697年，对于大唐来讲，并不是一个太平的年份。

此时大唐的统治者是中国历史上唯一的女皇帝武则天，690年九月武则天即位称帝，到697年，武则天的皇帝生涯已经进入了第八个年头。此时在她的铁腕统治之下，她的皇位十分稳固，国内的社会秩序也逐渐安定，但是来自外部的威胁让她焦头烂额。

696年，原本臣服于大唐的契丹部落，在其首领李尽忠、孙万荣的率领下反叛唐朝。武则天于七月诏命曹仁师、张玄遇、李多祚等二十八将率兵征讨，企图一举消灭契丹，结果唐军一败涂地，损失大半。697年三月，武则天再派王孝杰、苏宏晖率十八万唐军讨伐契丹。孙万荣令契丹军佯退，将唐军诱入东硖石谷后，令契丹军立即回军反击，四面围攻，唐军溃乱，王孝杰战死，所部死伤殆尽。

东北契丹逐渐坐大的同时，西北突厥也开始反叛。696年突厥首领默啜率军反唐，九月默啜以数万兵攻凉州，虏凉州都督许钦明。697年一月默啜率军进攻灵州，二月又率军进攻胜州。

东边葫芦还没有按下，西边又浮起了瓢，万般无奈的武则天只得先稳住西边离自己更近的突厥，然后再想办法对付东边的契丹。武则天册封默啜为突厥可汗，默啜趁机提出让武则天认自己为儿子，同时让自己的女儿嫁给唐朝的王爷，对此武则天一一答应。默啜得寸进尺，又向武则天讨要缯帛、农具、种子、铁器等，并且请求把之前投降唐朝的突厥部众及原单于都护府的土地全部交给他。武则天虽然非常恼火，但是万般无奈之下，只得全部答应，但是同时要求默啜帮助唐朝进攻契丹。697年六月，默啜趁契丹后方空虚，率军偷袭契丹，契丹大败，军心大乱，唐军借机平定契丹。

在唐太宗和唐高宗时期，在对外战争中屡战屡胜的唐军，此时竟然连战连败，最终竟然要依靠外族的帮助才勉强平定契丹，实在是为四邻耻笑之事，想必武则天也是极度郁闷。此时的她肯定在想，当初那支战无不胜的唐军呢？现在真的就没有像李靖、李勣那样能够力挽狂澜的统军大将了吗？

这样的名将有吗？当然有！就在这一年的某一天，在华州郑县，一名男婴呱呱坠地，今后他将成为大唐的擎天一柱，帮助大唐度过最艰难的岁月，他的名字叫郭子仪。

历来名人的出生都会有点神异之事，郭子仪也是一样。

传说郭子仪出生的那个夜里，郭敬之刚刚入睡，就梦见一条巨龙从天而降，此时郭敬之被仆人叫醒，仆人告诉他夫人快生了，当天夜里郭子仪呱呱坠地。传说，郭子仪出生之后啼哭不止。婴儿啼哭本是常事，但是郭子仪哭得有点不同寻常，他连着哭了八十多天，全家人束手无策，郭敬之为此遍访名医，但是始终毫无效果。

　　后来，有一位云游的老僧来到郭家化缘，在等待施舍的时候，老僧听到了婴儿哭声不止，于是就进屋诵了一篇经文，结果郭子仪竟然神奇地止住了哭声。郭敬之大为惊异，于是便与老僧对坐交谈，老僧告诉他此子有富贵之相，将来必定可以建立一番大功业，位极人臣。对此郭敬之虽然并不相信，但是依然非常开心，于是重谢了老僧。

　　郭子仪出生的时候，郭敬之三十一岁，入仕时间并不算长，所以职务不会很高，此时郭敬之很有可能正在瓜州司仓或者雍北府右果毅这样的低级职位上。此后幼年的郭子仪跟随着父亲游历四方，到过的地方，从东到西、从南到北，几乎遍及祖国各地。唐朝官员迁徙赴任，交通工具主要是车马船舶，这样远距离、大范围的游历，而且所经各地的气候、地貌、风俗差别很大，有利于郭子仪开阔眼界和增长见识。

　　郭子仪出生在一个人丁兴旺的大家庭，郭敬之的儿子多达十一个，郭子仪在其中排行第二。在如此之多的兄弟之中，郭子仪从小就显得与众不同。或许是受到父亲文武兼备的影响，郭子仪自幼不仅熟读经史子集，而且对于兵法也非常感兴趣。传说郭敬之本来想让郭子仪去考科举、中进士，走一条最正统的仕宦之路，但是在郭子仪八岁的时候，郭敬之带着郭子仪到军营，郭子仪拿起一件兵器，爱不释手，然后无师自通地耍了起来，并且耍得有模有样。郭敬之和一众武将见了，不禁大为惊奇，由此郭敬之认定，自己的儿子有习武之才。此后郭敬之因材施教，让郭子仪弃文习武，走上了武将的道路。

在走上了武将的道路之后，郭子仪顺理成章地去参加了武举考试。

科举制度在隋朝时期创立，到唐朝日臻完善，科举考试使得中下层的寒门士子有机会通过考试竞争步入仕途，这是社会发展的巨大进步。唐朝初年，科举考试"尚文"，最重要的是明经、进士二科，考试分为杂文、帖经、策问三场，考试的内容是诗赋文章、儒家经典和理政才干，这些都是文人施展的领域。

到了武则天时期，当时的唐朝正受到外族的频繁入侵，国家和百姓的正常生活都受到严重的影响，武则天为了维护自身的统治，确保国家的长治久安，就必须进一步提升国家的军事实力，广揽军事人才，所以武则天觉得有必要开设"武举"，选拔优秀的军事人才，同时这也有利于扩大选官范围，打破一些武将世家对军队将领的控制，增强自己的统治基础。

长安二年（702年），武则天诏天下诸州宣教武艺，并确定在兵部主持下，每年为天下武士举行一次考试，考试合格者授予武职。武举考试，考试科目有马射、步射、平射、马枪、负重、摔跤等。一般认为，这就是我国科举制度中"武举"或"武科"正式登上历史舞台的标志。后来，武举考试的内容逐渐确定为马射、长垛、翘关、马枪、步射、才貌、言语七项，应考者只要任意五项合格就算是及第。

郭子仪参加武举的时间，应该是在他二十岁左右的弱冠之年，也就是大约公元716年。关于此次郭子仪的武举成绩，《旧唐书·郭子仪传》载，郭子仪"以武举高等补左卫长史"，《新唐书·郭子仪传》则载，郭子仪"以武举异等补左卫长史"。《旧唐书》和《新唐书》所载"异等""高等"，只是用词有别，其实词义相同，意思都是特别优秀，超出一般人。现在很多书中都说郭子仪是"武状元"，对此我们应当存疑，因为史书中只说郭子仪成绩很好，至于是不是第一，并无明确记载，不得而知。

唐武官的选任，一般情况下必须先经武举考试获得"武举及第"，而后才能参加下一步的官员选拔。也就是说，"武举及第"并不意味着就可以获得官职，只是由此前不具参加官员选拔资格的"白身"，获得了参加官员选拔资格的"出身"。但是因为郭子仪成绩特别好，所以他并未经过官员选拔，而直接被授予了官职。郭子仪获得的这个官职，《旧唐书》和《新唐书》中都说是"左卫长史"，现存西安碑林的唐碑《郭氏家庙碑》碑阴"郭敬之子孙题名录"却载郭子仪武举及第授"左卫长上"。一字之差，那么哪个是对的呢？

隋唐时期实行府兵制，府兵制的基本单位是折冲府，又称为军府，唐朝前期全国共有折冲府六百个左右，每个折冲府下辖士兵八百至一千余人不等。折冲府之上是"府"，唐朝初年全国设有十六府，唐高宗时期改称十六卫，分别是：左右卫、左右骁卫、左右武卫、左右威卫、左右领军卫、左右金吾卫、左右监门卫和左右千牛卫。

唐朝时期，"左卫"设上将军一人、大将军一人和将军二人，这四个人是左卫的主要领导者。四名将军之下为"左卫长史"，负责诸曹、五府、外府禀禄，卒伍、军团之名数，器械、车马之多少，等等事务，品级为从六品。此外，左卫还有"左卫长上"二十五人，负责日常宿卫、仪仗等事务，品级为从九品，是最低级的武官。

结合以上史料，结论就很明显了。"左卫长史"虽然品级不高，但是几乎可以参与左卫内部所有大小事务的管理，权力很大，郭子仪一个刚刚武举及第的年轻人，缺乏经验，几乎不可能让他担任这么重要的职务。比较之下，年轻的郭子仪担任只有九品的左卫长上，反倒是更符合实际情况。此外，《郭氏家庙碑》是郭子仪为其已逝父亲郭敬之建庙时所立之碑，属于当时人记当时事，是第一手史料，可信度也更高一些。所以郭子仪担任的第一份官职应该是左卫长上。

在新旧唐书的《郭子仪传》中，关于郭子仪青年时期的记载，除了武举之外，就再无其他了。不过在其他人的传记中，留下了一则关于郭子仪的有趣记载。在《新唐书·李白传》中记载："白游并州，见郭子仪，奇之。子仪尝犯法，白为救免。"此事史书中没有记载确切的时间，也没有记载具体经过，不过并不妨碍我们分析一下。

我们基本可以排除此事发生在郭子仪中年时期。因为中年时期的郭子仪已经成长为大唐的高级将领，这样身份的人犯了罪，李白是救不了的，因为他没这个能力。李白虽然名满天下，才华横溢，但是在官场上混得一塌糊涂。李白唯一一次有机会进入中央任职，还因为桀骜不驯，让宦官高力士为其脱靴而触怒权贵，最终被赶出长安，此后便再也没有担任过什么像样的官职。试想一下，这样的一个人有什么样的政治能量来救郭子仪？

所以李白救郭子仪一事应该是发生在郭子仪的青年时期，救郭子仪的方式也不是通过政治关系，而应该是通过个人能力。当时的情况有可能是这样的：郭子仪在并州犯了律条，又与李白相遇，二人十分投缘，李白帮郭子仪逃脱了追捕。

之所以做出这种推测，是因为史书记载李白"喜纵横术，击剑，为任侠，轻财重施"，也就是说李白虽为诗人墨客，但是武艺高强，并且喜欢行侠仗义，所以路见不平拔刀相助的患难故事，比较符合李白和郭子仪的为人风格。

不管事情的详细过程到底如何，这次相遇必定让郭子仪和李白两人非常欣喜。郭子仪高兴的是，他遇见了一位文采盖世的人才，他相信李白将来必定可以成为一代文豪；李白高兴的是，他眼前的郭子仪相貌堂堂，英姿勃发，将来一定会成为大唐的栋梁之材，为国家保驾护航。此时的李白不会想到，他今日救助的这个人，在数十年之后也会救他一命，不过这就是后话了。

就在郭子仪逐渐成熟、开始踏上自己的人生征途的时候，大唐也发生着剧烈的变动……

神龙元年（705年）正月，武则天病笃，宰相张柬之等人发动"神龙政变"，拥立唐中宗李显复辟，迫使武则天退位，当年十一月，武则天去世。

神龙三年（707年）七月，因为与武则天的侄子武三思等人的矛盾，皇太子李重俊率军发动政变，杀死武三思等人，后政变失败，李重俊也被杀。

景龙四年（710年）六月，唐中宗李显驾崩，韦皇后立温王李重茂为皇帝，自己以皇太后的身份临朝摄政。李显之弟李旦的第三子李隆基和武则天的女儿太平公主联合发动政变，杀死韦皇后，李旦继位为帝，是为唐睿宗。

延和元年（712年），唐睿宗退位，李隆基继位为帝，他与太平公主的权力之争日益激化。先天二年（713年）七月，李隆基发动政变，诛杀太平公主党羽，太平公主被赐死，李隆基自此大权独揽。此后，李隆基拨乱反正，任用姚崇、宋璟等贤相，励精图治，开创了唐朝的极盛之世——开元盛世。

在开元五年（717年），唐军收复陷于契丹二十一年之久的辽西十二州，于柳城重置营州都督府，漠北的同罗、拔也古等部重新归顺唐朝，后突厥与唐之间的战争也逐渐停止而代之以友好往来。此后唐朝又在西域设置安西四镇节度经略使，阻止吐蕃势力的北上，西域和河西走廊逐渐稳定。此时大唐国威远播，四方进贡，万国来朝，大唐又恢复了往日的荣光。开元十三年（725年）十月，李隆基至泰山封禅，将这一盛世推向顶峰。

身处盛世之中的郭子仪看到大唐的盛况，自己也感到了无上的荣光，他相信在这样一个辉煌的时代里，他一定可以建功立业，成为大唐的栋梁！

第三节　宦游四方

在郭子仪武举及第之后的三十年里，郭子仪的升迁和调动非常频繁，根据《郭氏家庙碑》的记载，这期间郭子仪先后担任过十几个职务，这些职务的类型也是多种多样，在这里我们讲一下其中几次比较重要的任职。

（一）桂州都督府长史

桂州，治所在今广西桂林。都督府是唐朝设置的地方行政机构，长官称为都督，在重要的地区则设大都督府，长官为大都督。每个都督府管辖若干个州，都督掌诸州兵马、甲械、城隍、镇戍、粮禀，总判府事。都督府设长史，负责协助都督处理府内事务。根据各都督府管辖范围的大小，大都督府长史为从三品，中都督府长史为正五品，下都督府长史为从五品。桂州当时属于偏远地区，是下都督府，所以郭子仪应该是从五品。

虽然从五品的桂州都督府长史品级并不算很高，但是对于郭子仪而言意义重大。在就任桂州都督府长史之前，郭子仪一直担任下级军官，权力很小，也没有展露才华的机会。此次升任桂州都督府长史，是郭子仪职务的一次重要跃升，这意味着郭子仪真正开始有权力参与地方军政管理。自此，郭子仪从一个下等武官，一跃成为唐朝的中级官员。

（二）北庭都护府副都护

在担任了一段时间的桂州都督府长史之后，郭子仪的职务再次迎来了巨大的变化，朝廷命令郭子仪离开桂州，前往万里之外的北庭都护府担任副都护。

都护府是汉、唐等中原王朝为监护边境各民族而设置的军事机关，北庭都护府是唐代都护府之一。贞观十四年（640年），唐朝置庭州于天山之北。长安二年（702年），武则天为了进一步巩固西北边疆，在庭州设立了北庭都护府，管辖天山以北包括阿尔泰山和巴尔喀什湖以西的广大地区。景云二年（711年），北庭都护府升为大都护府，有军队两万余人。北庭都护府设大都护一人，从二品；副大都护一人，从三品；副都护二人，正四品。

从桂林到现在天山以北的庭州，在现代社会驾驶汽车尚需要行驶三千六百公里，在交通不便的古代社会，这次旅途的艰难程度可想而知。我们已经无从得知朝廷为什么要调远在桂州的郭子仪去北庭都护府任职，但是我们可以确定，这次升迁对于郭子仪而言是一次全新的挑战。在开元年间，西南地区较为稳定，周边的南诏等国基本都能和唐朝和平相处，但是西北地区则恰恰相反。西北地区民族关系复杂，战乱时有发生，管理难度很大，因此由相对安定的桂林前往北庭都护府赴任，对于郭子仪的能力是一个巨大的考验。

（三）安西都护府副都护、单于都护府副都护

或许是因为郭子仪在担任北庭副都护期间表现出色，此后郭

子仪又先后担任了安西副都护和单于副都护。

安西都护府是唐代都护府之一。贞观十四年（640年），侯君集平高昌，在其地设西州都护府，治所在西州。同年九月唐朝在交河城设安西都护府以防备西突厥。安西都护府主要管辖今新疆天山以南地区，西至咸海及葱岭的东西各部直至阿姆河两岸城的诸城邦国，包括今吉尔吉斯斯坦大部分地区。安西都护府共有军队两万四千人。

单于都护府，是唐朝安置东突厥降部的都护府。贞观四年（630年）三月，唐朝大将李靖俘颉利可汗，灭亡东突厥。唐太宗在东突厥故地设置顺、祐、化、长四州都督府，以及定襄都督府、云中都督府。永徽元年（650年），以上各都督府统一归瀚海都护府管辖。麟德元年（664年），瀚海都护府改名单于都护府，辖境北距大漠，南抵黄河。

在先后担任了三个都护府的副都护之后，天宝八年（749年）三月，已经五十三岁的郭子仪迎来了自己的又一个任命：朝廷任命郭子仪为左武卫大将军、安北副都护、横塞军使。这项任命对于郭子仪来讲又是一次新的提升，因为这意味着郭子仪正式成了大唐帝国的高级军官。

前文已经提到，唐朝军队设有十六卫，左武卫是其中之一，左武卫大将军是左武卫的副长官，是正三品高级武官。在唐朝，兵部尚书的品级也只是正三品，这意味着郭子仪的品级已经和兵部尚书相当，虽然在实际权力上比不上兵部尚书，可是作为左武卫大将军的郭子仪已经成为唐军最重要的将领之一。

安北都护府也是唐朝设立的诸多都护府之一。贞观二十年（646年）唐军击败薛延陀部落后，铁勒诸部内附，唐朝设立燕然都护府加以管辖，总章二年（669年）改名为安北都护府，主要管辖范围为今蒙古国。天宝八年（749年），安北都护府治所转移到横塞军，由军使兼理府事。也就是说，此时的郭子仪虽然名义上是安北副都护，可实际上以横塞军使的名义兼理安北大都护的职务。

但是横塞军所在的地区土地贫瘠，难以开发和耕种，粮草匮乏，所以天宝十三年（754年），朝廷决定在永清栅以北筑城，然后将横塞军和安北都护府转移到这里，将这里命名为"天德军"。来到天德军之后，郭子仪仍然担任天德军使、安北副都护、左武卫大将军，不过除此之外，郭子仪又增加了两个兼职：九原郡太守和朔方节度右厢兵马使。

九原郡治所在九原县，主要管辖今阴山以南、黄河以北的河套地区。在当时，九原郡太守这一职务比较鸡肋，因为即使是在天宝年间鼎盛时期，九原郡也不过三千户，人口不足万人，作为九原郡太守，郭子仪所能调动的人力和财富都非常有限。

至于朔方节度右厢兵马使，则是一个比较复杂的官职，想要了解这个官职，我们有必要先了解一下节度使。

唐朝前期，随着对外战争的不断进行，唐朝在边境地区屯驻了大量的军队。这些军队军费开支十分浩大，这些开支很大程度上需要当地政府负担，这势必会引发统军将领和地方长官之间的矛盾。为了有效管理边疆地区的军队，保证军队的物资供应，维护边疆稳定，一个新的官职——节度使应运而生。

　　唐睿宗景云二年（711年），贺拔延嗣为凉州都督充河西节度使，节度使开始成为正式的官职。唐玄宗开元年间，先后在边境地区设立了十个节度使，节度使初置时，作为军事统帅，主要掌管军事、防御外敌，而没有管理州县民政的职责，后来渐渐总揽一区的军、民、财、政，所辖区内各州刺史均为其节制，并兼任驻扎地所在州的刺史，权力非常大。

　　朔方节度使就是唐玄宗设立的十个节度使之一。朔方节度使设立于开元九年（721年），治所在灵州。朔方节度使统辖经略军、丰安军、定远军三军，夏、盐、绥、银、丰、胜六州，及东受降城、中受降城、西受降城、安北都护府、单于都护府，包括今宁夏全境及内蒙古河套地区和陕西、甘肃一部，兵力近六万五千人。

　　节度使作为军政合一的重要官员，其属下有两套班底，一套是文官，负责管理民政；一套是武将，负责管理军政。在节度使下辖的武将中，地位最高的官职是都知兵马使，总管军队，权力非常大。都知兵马使之下又有很多不同类型的兵马使，在不同的节度使辖区内各不相同。在朔方节都知兵马使之下，下辖左厢兵马使、右厢兵马使等。

　　通过以上内容我们可以看出，朔方节度右厢兵马使相当于朔方节度使内部军事领域的"第三号人物"，有着相当大的权力。当时唐朝的精锐部队基本掌握在十个节度使的手里，不管是作为安北副都护还是九原郡太守，郭子仪所能调动的资源都远不及节度使，但是能够兼任朔方节度右厢兵马使，这是郭子仪权力的又一次增大。

至此，郭子仪已经先后在北庭、安西、单于、安北四个都护府任职，他的足迹遍布了大唐北境和西境的山山水水，郭子仪对于这些地区的经济、军事、地理、民族关系等都有了深刻的认识，同时，这漫长的任职经历对于郭子仪的个人能力也是一种巨大的锻炼。在这个过程中郭子仪获益良多，其中的很多收获将在郭子仪未来的人生中，让他受益无穷。

担任朔方节度右厢兵马使期间，郭子仪认识了两个人，这两个人将会在郭子仪今后的人生中与他产生密切的关联，这就是李光弼和仆固怀恩。

李光弼，生于公元708年，比郭子仪小十一岁，营州柳城人，契丹族人。李光弼的父亲李楷洛，原为契丹酋长，武则天时自契丹投降唐朝，李光弼也随之入唐。李光弼自幼为人沉稳严毅，擅长骑射，喜读《汉书》，治军极严，兼有谋略。他少年即入军旅，后因击败吐蕃的功劳，进号"云麾将军"。天宝八年（749年），李光弼升任河西节度副使，被封为蓟郡公。天宝十一年（752年），李光弼转任单于都护府副都护。安北都护府和单于都护府都归朔方节度使管辖，郭子仪和李光弼因此成为同僚，同为一时俊杰的两人一见如故，结为莫逆之交，这份友谊伴随了两人一生。

仆固怀恩，出生年份不详，铁勒族人。仆固怀恩是金微都督府都督仆骨歌滥拔延之孙，其家世袭金微州都督。仆固怀恩自幼即从军为国效力，郭子仪任朔方节度右厢兵马使时，仆固怀恩担任朔方军左武锋使。仆固怀恩骁勇果敢，英武过人，是难得一见的优秀武将，所以郭子仪对仆固怀恩非常欣赏，仆固怀恩对郭子仪也非常尊敬。只不过世事难料，两人最终在沙场相遇，不过这是后话了。

在遇见两位优秀同僚的同时，在朔方郭子仪也见到了自己的上司——朔方节度使安思顺。

安思顺，生于公元695年，比郭子仪大两岁。安思顺是粟特人，后来到突厥部落生活。开元初年，突厥部落衰落，安思顺就跟随伯父安延偃及诸堂兄弟逃了出来，投奔了时任唐朝河东道岚州别驾的同姓亲族安贞节。当时跟随安延偃一起逃出突厥的还有他的继子，此人名叫安禄山。对于这位比自己小八岁的堂弟，安思顺非常照顾，不过很快两人就各自投军，走上了各自的人生道路。因为在与吐蕃的战争中屡立战功，所以安思顺的升迁很快，天宝六年（747年）十一月，安思顺就任河西节度使，三年后又转任朔方节度使，受到唐玄宗的高度信任。

天宝十三年（754年），郭子仪刚刚出任自己的新职务不久，家里就传来消息——郭子仪的母亲病逝了。

按照中国古代儒家传统，父母去世了，子女要为他们守孝三年。即便是官员，也要遵从这一规矩，三年期满之后才能够回来继续做官。这一规矩郭子仪自然也不能免除，所以在听闻母亲去世的消息后，郭子仪立刻打点行装，准备回家奔丧，为母守孝。在离开之前，郭子仪特地去向自己的长官安思顺辞行。

见到安思顺之后，郭子仪见安思顺愁容满面，于是他先说了自己此行的来意。说完之后，安思顺只是淡淡地点了点头，说了句："郭公此行路途遥远，务必保重。"说完依旧心不在焉。

看到安思顺这个样子，郭子仪不禁问道："敢问安大人是不是有心事？"

听到郭子仪这样问，安思顺思考了一下说道："郭公也不是外人，那我就直说了，你可知我有堂弟安禄山？"

郭子仪说："当然知道，安禄山现在兼任河东、范阳、平卢三镇节度使，谁人不知？"

安思顺说："是啊，我这个堂弟现在可比我风光多了。他现在手握大军十五万，无人能及。但是我最近听从范阳回来的人说，安禄山正在打造兵器，操练兵马，储备粮草，不知意欲何为啊！"

听闻安思顺的话，郭子仪心头一惊："大人是担心安禄山要谋反？"

"郭公也这么认为？"

郭子仪表现出了担忧："是的，手握重兵，雄踞一方，又如此行事，很难不让人怀疑。但是安禄山真的有这个胆子吗？他虽然兵强马壮，可是我大唐有百万雄兵，他以一隅之地谋反，真的有胜算吗？"

安思顺说道："是这么回事，所以我也不相信安禄山真的会谋反，此人毕竟是我的堂弟，对于要不要把他的事情报告朝廷，我还在犹豫。"

　　郭子仪说："正因为安禄山是大人的堂弟，所以大人更应该将此事上报朝廷，如果真的发生什么大事，大人也可以减少一些责罚。"

　　安思顺点点头说："郭公所言有理，容我再思虑一下吧。"

　　辞别安思顺后，郭子仪踏上了返乡的旅程。在路上他一直在想：安禄山真的会谋反吗？如果此事真的发生，那必将是一场大乱，但愿是自己和安思顺想多了……

第二章
安史乱起：渔阳鼙鼓动地来

第一节　变乱骤起

安禄山，一个在中国历史上大名鼎鼎的人物，他几乎以一己之力改变了中国历史的发展进程，关于他的故事，时至今日依旧广为流传，可就在早年，安禄山却是一个几乎低到尘埃里的人。

安禄山703年生于营州，本姓康，其父为何人无从考证。安禄山的母亲阿史德氏是突厥族的一个巫师，曾向突厥人心中的战斗之神"轧荦山"祈祷，生下安禄山后，其母以为这是神迹，便为他取名"轧荦山"，也是突厥人"战斗"一词的发音。关于安禄山属于哪个民族，史书中的记载是"营州柳城杂种胡人也"，也就是说安禄山到底属于哪个民族，他是突厥人、契丹人，还是粟特人，已经无法考证。

后来，突厥将军安波至的哥哥安延偃娶安禄山的母亲为妻，安禄山由此进入安延偃家族。随着突厥部落逐渐衰败，内乱频发，安延偃就带着自己的家人逃了出来，投奔了当时担任岚州别驾的安贞节，跟随安延偃出逃的有他的侄子安思顺和安文贞，继子安禄山，以及安贞节的哥哥安孝节。在此过程中，安禄山和安思顺、安文贞等人结下了深厚的情谊，安禄山自此改姓为"安"，他的名字"禄山"大概也是这个时候定下的。

安禄山成年之后展现出了杰出的语言天赋，通晓六个民族的语言，凭借这一优势，安禄山来到了幽州，在这里他获得了自己的第一份工作——互市牙郎。所谓的"互市"，指的是中国古代中原王朝与外国和周边各民族进行的贸易，而"牙郎"就是贸易的中间人。说白了，此时的安禄山类似现在的中介，他凭借着自己的语言才能撮合买卖，从中获取报酬。

在担任互市牙郎期间，安禄山惊喜地遇见了自己的童年玩伴——史思明。史思明，突厥人，他和安禄山是同乡，出生于武则天长安二年（702年）除夕日，巧合的是安禄山生于长安三年（703年）正月初一，两个人的生日就差一天，两个人的关系或许冥冥之中就已经注定。安禄山和史思明两个人自幼交好，亲密无间。后来因安禄山逃离突厥，两人失散，现在多年之后再次相遇，两人自然是欣喜无比，于是史思明也追随安禄山做了互市牙郎。

但是估计这两个人都没什么商业天赋，这份"牙郎"工作并没有为他们带来丰厚的收益，他们的生活并不富裕。经济压力之下，他们开始小偷小摸，结果有一次在偷羊的时候不小心被捉住，负责审问他们的幽州长史张守珪并不想在这样的小毛贼身上多费口舌，准备直接就地乱棍打死。此时的安禄山大吼道："大夫不欲灭两蕃耶？何为打杀禄山！"

听到这番豪言，张守珪不禁对眼前的这个年轻人产生了几分兴趣。张守珪见此人身材魁梧，目光如炬，感觉是个可用之才，于是就说道："既然如此，那我就给你派一个差事，你担任捉生将，这项任务非常危险，你敢去吗？"所谓捉生将，类似现在的情报侦察员。见有活路，安禄山怎么会不愿意，立刻跪倒在地答应下来，接着他说道："可不可以求大人也饶了我的同伴史思明，我们愿意当牛做马，为大人效劳！"张守珪看了一眼史思明，随口说道："好吧，那你们就一起做捉生将吧。"这一年是开元二十年（732年），安禄山三十岁。

此后安禄山屡屡出色完成任务，骁勇异常，张守珪对他也是越来越喜欢，于是就将安禄山收为义子。张守珪对安禄山这位义子青睐有加，所以安禄山的职务晋升非常快。安禄山先在张守珪手下担任偏将，后来先后担任员外左骑卫将军，充衙前招讨使。

但是安禄山也有低谷的时候。开元二十四年（736年），安禄山任平卢将军，在讨伐契丹时安禄山大败，或许是因为这一仗实在是败得太惨，张守珪也没法帮其隐瞒，所以张守珪只得把安禄山押往长安，交由朝廷处理。此前安禄山曾入朝觐见，拜见过时任宰相张九龄。张九龄颇有识人之道，他看出安禄山是奸诈之徒，断定日后此人必会作乱。张九龄对侍中裴光庭说："乱幽州者，必此胡也。"此次适逢安禄山触犯军法，张九龄上奏唐玄宗，要求将安禄山斩首。对此唐玄宗不以为然，他说："卿岂以王夷甫识石勒，便臆断禄山难制耶？"随后将安禄山释放。

唐玄宗所说的"王夷甫识石勒"，是西晋末年的故事。石勒十四岁那年来到洛阳贩卖货物，闲暇之时他靠着上东门大声呼啸，当时的尚书仆射王衍见后大为惊异，回头对左右的人说："向者胡雏，吾观其声视有奇志，恐将为天下之患。"于是王衍立刻派人抓石勒，但是石勒已经走没影了。三十年后石勒建立了后赵政权，统一北方，结束了晋朝在北方的统治，王衍也在这个过程中被石勒杀死。此时的唐玄宗不会想到，张九龄一语成谶，最终安禄山重演了西晋末年石勒反晋乱华的一幕。

安禄山虽然死里逃生，但是此事让安禄山明白了一个道理，那就是"朝中有人好办事"，自己只不过是一个地方官，朝中大员言谈之间就可以决定自己的生死，这实在是太可怕了。所以此后安禄山竭尽全力攀附朝中官员，对他们大肆贿赂，让他们为自己多说好话。在这些人的美言之下，唐玄宗对安禄山越来越信任，天宝元年（742年），唐玄宗在平卢设置节度，任命安禄山为平卢节度使，自此安禄山终于成为地方大员。

在获得唐玄宗的信任之后，安禄山开始拼尽全力巴结皇帝。安禄山请求当杨贵妃的养子，唐玄宗同意了。此后安禄山进宫朝觐唐玄宗都先拜望杨贵妃，唐玄宗觉得奇怪就问原因，安禄山回答说："臣是蕃人，蕃人先母而后父。"唐玄宗听后哈哈大笑，他觉得安禄山此人淳朴可爱，于是对安禄山更加喜欢，遂下令杨贵妃的子侄辈全部和安禄山结为兄弟姐妹。

天宝三年（744年），唐玄宗任命安禄山为范阳节度使，原平卢节度使的任命不变，这就意味着安禄山同时兼任两节度使，权力大增。但是此时的安禄山还不敢恣意妄为，因为有一个人在朝中——李林甫。

历史上对李林甫的评价并不高，因为为相十九年间，李林甫大权独握，蔽塞言路，排斥贤才，使得朝纲紊乱，又建议重用胡将，使得安禄山势力坐大，被认为是唐朝由盛转衰的重要责任人。虽然以上都是事实，但是李林甫的能力和心智在当时绝对是顶级的，他之所以敢于重用安禄山等胡人，是因为李林甫有信心能够控制得住安禄山。

李林甫非常聪明，每次和安禄山交谈，李林甫总是能猜出安禄山心里在想些什么，并先说出来。安禄山认为李林甫像神仙一样可以未卜先知，所以对李林甫非常畏惧，每次见到李林甫，即使是冬天，安禄山也惶恐得汗流浃背。安禄山尊称李林甫为"十郎"。每次有人从宫里回来向安禄山汇报情况，他先问："十郎说了些什么？"如果有好话，安禄山就高兴得手舞足蹈。如果李林甫只是说"安禄山要好好地查核一下"，安禄山就惊恐地说："我命不久矣！"

在开元年间，唐朝多以文臣担任边将，这些文臣在边疆立功之后，很多人都会入朝担任宰相，这被称为"出将入相"。这些出将入相的文臣大多才兼文武，能力很强。长期大权在握的李林甫为了减少朝中的竞争对手，就希望不要再出现文臣出将入相的情况。李林甫对唐玄宗说："文士为将，怯当矢石，不如用寒族、蕃人，蕃人善战有勇，寒族即无党援。"唐玄宗同意了李林甫的建议，于是李林甫大量重用番将，其中的代表人物就是安禄山。

于是，天宝十年（751年）唐玄宗任命安禄山为河东节度使，自此安禄山身兼平卢、范阳、河东三镇节度使，成为天下兵权最大的将军。不仅权力达到了极限，安禄山的爵位也达到了最高，天宝九年（750年）唐玄宗册封安禄山为东平郡王。在历朝历代，王爵一般只有皇室成员才能担任，非皇室出身的异姓王在历史上是很少的，安禄山能够被封为王在当时是极为罕见的，足见唐玄宗对他的信任。

此时的安禄山已经位极人臣，封无可封，按说应该知足了。但是常言道欲壑难填，人的欲望总是没有极限的，已经被封为王的安禄山还是不满足，他逐渐开始有了一个狂妄的念头：他要当皇帝，掌控天下！

如果李林甫还活着，或许安禄山还不敢造次，但是天宝十二年（753年）李林甫去世后，情况在悄悄发生着改变。

接任李林甫担任宰相的，是杨贵妃的族兄杨国忠。杨国忠此人，年轻时放荡无行，嗜酒好赌，受到亲族的鄙视。常言道"一人得道，鸡犬升天"，随着杨贵妃的得宠，杨国忠也被杨贵妃引荐给了唐玄宗。杨国忠小心翼翼地侍奉唐玄宗，投其所好，他最强的能力就是帮助唐玄宗搜刮钱财。杨国忠把各地积存的粮食全部变卖成金银财宝，又将天下义仓及丁租、地税的收入换成布帛，他把这些财富全部用来充实天子的库藏。唐玄宗看到自己的府库堆积如山，龙颜大悦，对杨国忠越来越喜欢。于是在李林甫去世后，唐玄宗就任命杨国忠为宰相。

由此可见，杨国忠毫无才能，完全是靠阿谀奉承、溜须拍马上位的，所以安禄山对杨国忠非常鄙视。看到安禄山不愿意臣服于自己，杨国忠便经常对唐玄宗说安禄山要谋反，但唐玄宗认为这是将相不和，所以不予理睬。

天宝十二年（753年），一名叫辅趚琳的宦官从安禄山那里回到京师，他收了安禄山的贿赂，于是向皇帝汇报说安禄山忠心耿耿，结果杨国忠不以为然，他对唐玄宗说："召安禄山进京，他一定不会来。"于是半信半疑的唐玄宗就召安禄山进京，结果安禄山竟然真的来了。见到唐玄宗，安禄山哭诉道："臣本胡人，陛下宠擢至此，为国忠所疾，臣死无日矣！"唐玄宗见安禄山可怜的样子，就对他好言抚慰，安禄山趁机请求唐玄宗任命他为宰相。此事遭到杨国忠反对，他对唐玄宗说："禄山有军功，然不识字，与之，恐四夷轻汉。"于是安禄山当宰相的梦想就此破灭。经过此事，安禄山对杨国忠痛恨入骨。

于是，安禄山开始秘密为谋反做准备。安禄山在范阳城北边筑起了雄武城，表面上看来是防御外族入侵，可是实际上，安禄山在城里储存了大量的兵器粮草，为叛乱做准备。为了打造一支强大的骑兵部队，安禄山畜养了一万五千多匹战马，但是他觉得这个数目远远不够。安禄山又请求唐玄宗任命自己为闲厩使、陇右群牧等负责养马的官职，得到了唐玄宗的批准。有了这个便利之后，安禄山把上等好马都暗地挑选出来，秘密运往范阳。为了增强人才储备，安禄山提拔了一大批将领，包括安守忠、李归仁、蔡希德、牛庭玠、田承嗣、田乾真等人，他们成了安禄山日后造反的骨干力量。

天宝十四年（755年）十一月初九，准备充分的安禄山，以奉皇帝之命诛杀杨国忠为名，在范阳举兵谋反，一场对中国历史产生深远影响的叛乱——安史之乱正式拉开了帷幕！

第二节　收复云中

当安禄山叛乱的消息传来时，唐玄宗根本不信，在他看来一向"淳朴忠诚"的安禄山怎么可能会背叛自己呢？这肯定是安禄山的政敌在污蔑安禄山。直到十五日，叛乱的消息不断从各地传来，唐玄宗也不得不信了，他急忙调兵平叛，但是此时他发现了一个残酷的事实：自己根本无兵可调。

想要了解这个问题，我们只需要简单看一下唐朝兵力的分布就可以了。唐玄宗先后任命了十名节度使，大唐几乎所有的精兵都掌握在这十个人的手里，这十名节度使分别是：

范阳节度使，兵力91400人，治所在幽州；

平卢节度使，兵力37500人，治所在营州；

河东节度使，兵力55000人，治所在太原；

朔方节度使，兵力64700人，治所在灵州；

河西节度使，兵力73000人，治所在凉州；

安西节度使，兵力24000人，治所在龟兹；

北庭节度使，兵力20000人，治所在北庭都护府；

陇右节度使，兵力75000人，治所在鄯州；

剑南节度使，兵力39000人，治所在益州；

岭南经略使，兵力15400人，治所是广州。

十名节度使共计拥有兵力495000人，其中安禄山统领的范阳、平卢、河东三镇兵力即达到183900人，接近十节度使总兵力的三分之一，兵力雄厚，其他节度使很难和安禄山抗衡。这还不是最可怕的，最可怕的是，在其他七名节度使中，除了朔方节度使之外，其他六名节度使都远离京师长安，远水解不了近渴，等他们到了，安禄山估计都已经打下长安了。可能有人会问，内地就没兵吗？有，但是很少。当时唐朝在内地一共只有军队十余万人，但这些兵力散布在广大的地区，每个地方又能有多少人呢？

所以，在叛乱的最初几天里，唐玄宗束手无策，唐军几乎没有任何有力的抵抗。

范阳誓师之后，安禄山率军南下，如同旋风一样席卷了河北大地，大军所过之处，烟尘千里，大地震动。唐朝自从建国之后，所有的战争几乎都是对外战争，只在武则天统治时期内地发生过一些小规模叛乱。中原人民已经享受了一百多年的和平岁月，早就已经忘记了战争是什么样子，所以当安禄山叛军打过来的时候，所有人都慌乱不堪。叛军所到之处，各地的官员要么望风而降，要么不战而逃，仅仅十几天的时间，整个河北地区几乎全部沦陷。

经过最初几天的慌乱之后，唐玄宗也逐渐缓过神来，他看了看地图，突然意识到自己还有一根救命稻草，那就是朔方军。朔方军兵力可观，并且临近长安，是此时唯一一支可以倚仗的部队了。

接下来，就是派谁来统领朔方军的问题了。原来的朔方节度使安思顺，唐玄宗是肯定不会再信任了，虽然之前安思顺曾经多次提醒朝廷，安禄山有可能会叛乱，但是他毕竟是安禄山的亲戚，所以唐玄宗根本不可能把朔方军交给他。于是唐玄宗撤掉了安思顺朔方节度使的职务，让他入朝担任户部尚书。那么，让谁来做安思顺的继任者呢？唐玄宗思虑再三，最终选择了久历军旅、足迹遍布北境的郭子仪。他任命郭子仪为卫尉卿、灵武郡太守、朔方节度使，率领朔方军东进征讨安禄山。

晚年的唐玄宗虽然昏聩糊涂，昏招迭出，但是选择重用郭子仪，是唐玄宗晚年最正确的决定，这个决定直接拯救了大唐。

当安禄山叛乱的消息传来的时候，郭子仪还在家里为母亲守孝，这个消息把郭子仪惊得目瞪口呆：自己最担心的事情果然发生了。随后郭子仪立刻开始打点行装，准备出发。因为他知道，值此危急时刻，朝廷是不可能让自己安心在家守孝的。果然，没过几天朝廷的命令就到了，要求郭子仪夺情出山，立刻前往灵武就任朔方节度使。

夺情是中国古代礼俗，官员的父母去世，官员应弃官居家守孝，但是在守孝期内，如果有重大事情发生，导致官员不得不复职，则称"夺情"。让郭子仪复职，就属于"夺情"。

自古忠孝难两全，国事为重，顾不得个人私情，郭子仪在母亲墓前叩拜，希望母亲泉下有知，能原谅自己的不孝。随后，郭子仪踏上征途，奔赴那血与火的战场。在路上郭子仪一直在担心，自己都快六十岁了，这把老骨头在战场上还撑得住吗？他不会想到，正是这老迈的身躯将会成为大唐的擎天之柱，最终撑起了这片天下！

离开之时，他尚籍籍无名；

再度归来，他将名满天下！

在去灵武的路上，郭子仪开始思忖接下来的战略，看着眼前的地图，他把目光投向了他认为至关重要的区域——河东。

河东，顾名思义指的就是黄河以东，主要是现在的山西地区。河东地区山河环绕、地势险峻：北部有长城天险，西面和南面可以倚黄河为屏障，东有太行山，地理位置极为优越。汾河纵贯河东，冲刷出了汾河谷地，这里土地肥沃，农业发达。所以河东具有极高的战略价值。

郭子仪之所以将目标放在河东，还有一个很重要的原因，就是安禄山在这里的统治并不稳定。安禄山先后在742年和744年担任平卢和范阳节度使，在这两个地方的统治时间已经有十几年，树大根深，统治稳固。但是安禄山直到751年才担任河东节度使，对这里的统治仅有四年，众心未附，所以郭子仪认为河东军未必就会全跟着安禄山造反，肯定会有人心向朝廷。

　　郭子仪的猜测非常准确。安禄山在范阳起兵的时候，他考虑到河东的将士有可能会抗命，所以他准备以奇计夺取太原。安禄山命令何千年、高邈率领二十名骑兵，以献俘为名前往太原，太原守将杨光翙出城迎接他们，结果被何千年、高邈等人劫持。但是杨光翙并不愿意与安禄山同流合污，所以城内早有防备，因此何千年、高邈虽然劫持了杨光翙，但是依然无法进入太原城，只得劫持着杨光翙悻悻而去，后来杨光翙被安禄山杀害。虽然杨光翙牺牲了，但是河东最重要的重镇太原始终掌握在朝廷的手里，这为最终平定安史之乱创造了极为重要的条件。

　　在听说太原依然掌握在唐军手里后，郭子仪大喜过望，他率领朔方军马不停蹄奔赴河东，此时郭子仪非常关注安禄山的下一步行动。在郭子仪看来，此时安禄山有两个选择：进攻河东或者河北。河东地区地形复杂，难以攻取，但是战略价值极高，安禄山一旦攻下河东，既可以直接进攻关中，也可以顺势直取河北，将完全掌控战局；河北地区经济发达，人口稠密，且地势一马平川，易攻难守，攻下河北可以在最短时间内提升自己的实力，但是受限于太行山脉，由河北进攻河东将会极为困难，更加难以威胁关中。

　　安禄山是会先难（河东）后易（河北），还是先易后难？郭子仪没法判断，但是他非常担心安禄山会进攻河东，因为此时安禄山兵锋甚锐，河东军将很难抵挡，河东一旦失守，战局就无法挽回了！

　　当郭子仪到了朔方之后，他得到了一个好消息和一个坏消息：好消息是安禄山选择了先易后难，进攻河北，河东暂时是安全的；坏消息是太原以北的云中丢了，云中就是现在的山西大同地区，安禄山在派人奇袭太原的同时，还命令高秀岩为大同军使，率军攻取云中。云中位于河东北部，向南通往太原，向东通往范阳，向西通往河套，是重要的交通节点。安禄山占据云中，则可以直接威胁太原和河套；唐军占据云中，则可以直接进攻安禄山的老巢范阳。云中就成为双方的必争之地。

于是，郭子仪决定，先取云中！

高秀岩在占领云中之后，并没有闭门自守，他准备向南进攻太原，但是太原守军早就牢牢封锁了由大同前往太原的必经之地——雁门关。因为河东地区并不是安禄山的主攻方向，所以高秀岩的兵力并不多，他无力攻打雁门关，于是转而向西进攻单于都护府的振武军。高秀岩之所以进攻振武军，主要还是想夺取河套，进而从北面威胁长安。

郭子仪本来还在发愁，如果高秀岩据守坚城，那到时候打起来肯定费时费力，结果没想到高秀岩这么不安分，竟然主动发起了进攻，给了郭子仪率领的唐军机会，这让他感到欣喜。

天宝十四年（755年）十一月下旬，郭子仪率领朔方军由灵武出发，沿黄河而下，经单于都护府救援振武军。高秀岩所部根本不是强大的朔方军的对手，被郭子仪一战击败，高秀岩率军狼狈逃窜。在击败高秀岩之后，郭子仪乘胜追击，进攻叛军占据的静边军。

静边军位于长城沿线，是云中地区的西大门，地理位置非常重要，据守这里的叛军将领是周万顷。郭子仪率领朔方军如同下山猛虎一般猛扑静边军，根本不给周万顷反应时间，朔方军大获全胜，攻克静边军，周万顷被斩杀。郭子仪让信使带着周万顷的首级到长安报捷。唐玄宗大喜过望，自开战以来四面八方传来的全是败报，这份胜利的消息实在是太难得了，他下令把周万顷的首级悬挂在长安城门之上，以安定京师人心，这也正是郭子仪的目的——稳定朝中局势。

安禄山任命的大同兵马使薛忠义率军来救，试图夺回静边军。薛忠义是安禄山麾下猛将，面对他的进攻，郭子仪丝毫不敢怠慢，派出了最强阵容迎战。郭子仪命令左兵马使李光弼、右兵马使高濬、左武锋使仆固怀恩、右武锋使浑释之率领朔方军精锐迎战，最终经过激战，大败薛忠义军。

此战郭子仪俘虏叛军骑兵七千余人，如何处理这些俘虏成了一个大问题。当时很多将领觉得这些骑兵都是精锐部队，战斗力强悍，不如编入朔方军，这样可以增强自身实力。但是经过慎重考虑，郭子仪拒绝了这个建议。在郭子仪看来，这些骑兵基本都是胡人，他们长期在安禄山麾下效力，安禄山对他们恩赏有加，所以他们对安禄山非常忠诚。如果把他们收编了，那么将会埋下一个巨大的隐患，他日在战场上再次与安禄山对阵，这些人完全有可能临阵倒戈，到时候麻烦就大了！

既然不能收编，那么关押在后方可不可以呢？也不可以，因为这些人战斗力凶悍，必须派有力部队看守，这会让唐军本就不足的人力更加捉襟见肘。

收编和关押都不行，那怎么办呢？只有一个办法，那就是把他们全部杀掉。

想到这里，郭子仪内心极度纠结。自古以来，战场上就有"杀降不祥"的规律，那些大规模屠杀降兵的名将，例如白起、项羽等人，都没有好下场，自己会不会将来也死于非命呢？此外郭子仪绝非心狠手辣之人，对于降兵痛下杀手，自己确实于心不忍。但是，不杀他们，自己又能怎么办呢？

那一夜，郭子仪夜不能寐……

第二天，郭子仪下达了一道密令：将这七千名俘虏全部坑杀！

命令下达后，郭子仪俯首叩拜苍天：今日之事，纯属迫不得已，若上天要降罪，请只降罪于我一人，朔方军将士只是执行我的命令，此事与他们无关！

郭子仪自率军出征以来，三战三捷，云中地区的叛军主力基本被消灭，随后郭子仪开始清剿叛军残敌。郭子仪率军攻克云中，同时命令公孙琼岩率两千骑兵攻克马邑，开通东陉关，至此完全解除了太原北部的威胁，同时也打通了向东进攻范阳的通道。

收复云中一役，是郭子仪军事生涯的开篇表演。平心而论，收复云中的难度并不大，因为进攻云中的只是叛军偏师，郭子仪率领的朔方军在实力上明显占据优势，取胜是意料之中的事情。但是此战对于唐军士气的鼓舞是非常大的，此时叛军已经攻占河北，在河南地区唐军也是连战连败，此时郭子仪却能够率军连连取胜，这就证明了"所向披靡"的叛军绝非不可战胜。

第三节　大战河北

就在郭子仪在云中地区连战连胜的时候，其他战线上的唐军却是败报不断。

天宝十四年（755年）十一月初九，安禄山由范阳起兵，仅仅半个多月的时间，安禄山攻占了整个河北地区，饮马黄河。黄河本来可以作为阻挡安禄山的一道天险，但是防守黄河的唐军望风而逃。十二月初，叛军轻轻松松渡过黄河抵达陈留城下，陈留太守郭纳开城投降，河南节度使张介然被安禄山俘虏后斩首。

为了抵御安禄山，唐玄宗也调兵遣将，他任命原安西节度使高仙芝为讨贼副元帅，封常清为范阳节度使，由两人率军平叛。高仙芝和封常清是当时的名将，但是两人手下根本没有有力的作战部队。高仙芝率领的部队包括原长安守军、先期到达长安的西北边兵，以及临时招募的关中新兵五万人，封常清率领的是临时从洛阳招募的新兵六万人。他们率领的部队看起来有十余万人，可是大部分都是新兵，战斗力远不如叛军。

十二月七日，安禄山率军抵达河南重镇虎牢关外，封常清本想在此阻挡住叛军，可是他的部队根本不是叛军的对手。不到一天时间，叛军就攻破虎牢关，唐军大败，叛军乘胜追击，很快就到达洛阳城下。封常清本想集结部队据守洛阳，但是连战连败，十二月十三日，东都洛阳失陷。封常清率残部退守陕郡，与据守在这里的高仙芝会合。

见到高仙芝后，封常清建议："累日血战，贼锋不可当。且潼关无兵，若狂寇奔突，则京师危矣。宜弃此守，急保潼关。"高仙芝表示同意，随后两人率军退守潼关，在这里准备辎重，操练士兵，准备以潼关天险阻挡叛军。安禄山派兵进攻潼关，高仙芝和封常清率军死守，再加上潼关地形险要，因此唐军终于挡住了叛军的进攻，双方在潼关形成对峙的局面。

结果当时负责监军的宦官边令诚因为与高仙芝有私怨，于是对唐玄宗进谗言道："常清以贼摇众，而仙芝弃陕地数百里，腹盗廪赐。"意思就是，封常清说叛军强大动摇军心，而高仙芝不仅放弃了陕郡几百里地，还偷偷克扣士兵的粮食和赏赐。本来唐玄宗就对高仙芝和封常清屡战屡败十分不满，于是十二月二十一日，他下令将高仙芝和封常清处死。两名名将死于非命，唐玄宗自毁长城。

高仙芝和封常清死后，唐玄宗派哥舒翰率军守卫潼关，哥舒翰依然延续了高仙芝和封常清坚守不出的策略，叛军无可奈何，双方继续在潼关对峙。

常言道"疾风知劲草，板荡识诚臣"，就在叛军长驱直入，无人能挡的时候，在已经沦陷的河北地区，大量不愿屈服于叛军的忠贞之士毅然举兵反抗，其中的代表人物就是颜氏兄弟——颜杲卿和颜真卿。

安史之乱爆发时，颜杲卿担任常山太守，他的堂弟颜真卿担任平原太守。安禄山起兵之后，河北郡县大都被叛军攻陷，只有颜真卿在平原城誓死抵御叛军。唐玄宗初起初听到河北全部沦陷的消息，叹息说："河北二十四郡，无一忠臣邪？"后来听到颜真卿依然在率军坚守的消息，唐玄宗高兴地说："朕不识真卿何如人，所为乃若此！"

当叛军兵临城下之时，颜杲卿无力抵御，只得屈身事贼，但是他在暗中等待时机，准备反正。十二月二十三日，颜杲卿等人杀了叛军将领李钦凑，正式起兵反正，此后河北各地迅速响应，先后有十七个郡起兵反正，共同推举颜真卿为盟主，拥兵二十万人，切断了河南叛军与其老巢范阳之间的联系。

在听闻河北地区几乎全部反正之后，正在河东的郭子仪大喜过望，他立刻率军南下，准备先前往太原，然后经井陉关出太行山，前往河北支援颜杲卿和颜真卿等人。此时朔方军刚刚结束在云中的大战，不得不稍事休整，无法立即出发，所以郭子仪只能祈祷颜杲卿和颜真卿能多坚持一段时间。

但是郭子仪明显低估了叛军的战斗力。

攻克洛阳后，安禄山看到洛阳雄伟的宫殿，再也抑制不住自己的皇帝梦了。于是至德元年（756年）正月初一，安禄山在洛阳即位称帝，国号大燕，定都洛阳。刚刚继位的安禄山自然不可能容忍颜杲卿和颜真卿等人的存在，于是派出了自己手下最得力的将军史思明率军进攻河北义军。史思明首先进攻颜杲卿据守的常山郡，结果仅用三天时间，就于正月初八攻陷常山，颜杲卿被俘后遇害。此后河北各郡大部分都被史思明攻陷。

在听闻史思明军强大的战斗力后，郭子仪也不禁开始谨慎思虑起来。通过云中之战，他对于战胜叛军已经有了一定的信心，但是随着战争规模的扩大，将来朔方军很可能在多个战场同时投入作战，朔方军的其他将领有没有独当一面的能力呢？所谓千军易得，上将难求，眼下必须阵前提拔、培养、重用一批优秀的将领，这是战胜叛军的先决条件。通过对麾下将领的考察，郭子仪最终看中了一个人，那就是自己的好友李光弼。

此时，正巧唐玄宗下诏征求良将，于是郭子仪上书唐玄宗，举荐李光弼，称他"堪当阃寄"，所谓"阃寄"指的就是承担军事重任。郭子仪作为当时少有的可以战胜叛军的将领，唐玄宗对于他的举荐自然是照单全收，他立刻下诏任命李光弼为云中太守、河东节度副使，让李光弼率军协同郭子仪作战。在收到皇帝的诏令之后，郭子仪立刻以李光弼为先锋，让他率军一万三千人东出井陉关，攻打被叛军占领的常山郡。

郭子仪之所以把进入河北之后的首战选在常山，并不是为了给颜杲卿报仇，主要是常山的地理位置实在是太重要了。想要由河东翻越太行山到达河北，最重要的一座关口就是太行山上的井陉关，而出井陉关后遇到的第一座比较大的城市就是常山。常山距离井陉关大约百里，扼守由井陉关东出的咽喉，所以郭子仪如果想率军挺进河北，就必须占据常山。

在得到郭子仪的举荐之后，李光弼迅速用自己的表现回报了郭子仪的信任。至德元年（756年）二月，李光弼率军到达常山城下后，当地的团练兵擒获叛将史思义前来投降，李光弼兵不血刃攻下常山。听闻常山失守，史思明立刻率两万骑兵攻打常山，李光弼派出五千步兵出城迎战，结果无法击退叛军。李光弼转而派出千余名弩手登上城墙，分为四队，轮番射击，支援城下的步兵，最终将叛军击退。李光弼率军五千人追击，他命令这五千士兵手持长枪，组成了一个巨大的方阵，叛军骑兵多次对唐军发起冲击，均被唐军击退。

此时另有一支叛军五千余人前来支援史思明，李光弼侦知其行踪后，立刻派出步兵骑兵各两千人，秘密向敌军进发。当这支叛军正在吃饭时，唐军突然发动袭击，几乎全歼敌军。史思明闻知败讯，大为恐惧，当即撤退，李光弼成功守住了常山。难能可贵的是，李光弼不仅英勇善战，在民政方面也是一把好手。自从安史之乱爆发以来，常山沦为战场，出现白骨蔽野的惨状，百姓无法生存。收复常山后，李光弼祭奠亡灵，抚慰生者，释放之前被叛军囚禁的无辜民众，民生得以恢复。

就在李光弼在常山城下与史思明激战的时候，郭子仪却并没有着急率军增援，他反而返回了朔方，因为有一件至关重要的事情他必须去做——征调援军。

在云中的作战只能算是小规模作战，在那里郭子仪面对的只是叛军的偏师，可是一旦到了河北，郭子仪的对手将会是史思明率领的叛军精锐部队。为了提升胜利的可能，郭子仪必须最大限度地提升自身的实力。于是他决定返回朔方，将那里的所有精锐部队全部调过来，同时招募大量新兵，用最短的时间再组成一支强大的部队。

郭子仪之所以选择这个时候回去，还有一个原因就是他相信以李光弼的能力肯定可以拖住史思明。因为常山地理位置极为重要，所以此时的李光弼就像是一团火，各路叛军必然会如同飞蛾一般向常山汇集，暂时就没有人再去打河东的主意了，郭子仪也就有了相对充足的时间回去调兵。

郭子仪的计策虽然好，但就是苦了李光弼。李光弼在常山和史思明大战四十多天，虽然连连获胜，可是自己的损失也是越来越大。到四月初，李光弼实在是难以支持，他连连派人向郭子仪求救。不过好在此时郭子仪征调的援军已经到达河东，此时郭子仪麾下的总兵力达到了十万人，他率领着这支大军浩浩荡荡地通过井陉关，增援常山。

当郭子仪大军到达常山的时候，叛军的失败就已经注定了。郭子仪先率军进攻九门，与史思明展开大战，叛军大败，史思明脱身逃往赵郡，叛将李立节被流矢射杀。郭子仪根本不给史思明任何喘息的机会，他乘胜连续收复十余座县城，进逼赵郡。赵郡民众根本不愿为史思明效力，所以仅用一天时间，赵郡守军便投降了，郭子仪轻而易举地收复赵郡。

从常山到九门，再到赵郡，郭子仪又取得了一连串的胜利，在这个过程中共计俘虏敌军四千人，缴获武器装备数以万计。此时一个老问题又摆在郭子仪的面前，那就是这四千名俘虏怎么处理呢？收复云中的战斗中，郭子仪将七千名俘虏全部坑杀，现在要不要同样将这四千名俘虏杀死呢？所有人都望向了郭子仪，等待着他的决定。

郭子仪的决定是把他们都放了！

郭子仪之所以做出与之前截然不同的决定，绝非随意为之，而是有着自己的理由：

第一，这四千人大部分都是被史思明征召的河北民众，他们参军或者是为了混口饭吃，或者是被强行征召入伍，他们对安禄山并没有什么忠诚度。所以即使把他们放了，也不必担心他们会回到叛军的队伍中，他们与之前的那七千个作战能力强悍的胡人骑兵完全不同。

第二，如果这次再把这四千人全杀了，那么郭子仪和朔方军必然会留下残忍嗜杀的恶名，今后将再也不会有人敢向郭子仪投降，这对今后的战局非常不利。而如果将这四千人放了，通过他们可以宣传唐军连克强敌的强大战斗力，这对于打击叛军的士气，鼓舞河北人民反抗叛军的勇气，非常重要。

第三，此时的朔方军兵强马壮，即使收编了这战力不强的四千名俘虏，也不会对本就强大的朔方军的战斗力有本质的提升，所以并没有太大收编的必要。

所以在经过谨慎考虑之后，郭子仪做出了放掉这四千名俘虏的决定。

在攻克赵郡之后，郭子仪率军进攻博陵，史思明率军死守，郭子仪见短时间内难以攻克博陵，于是率军返回常山。

听闻史思明在河北连战连败之后，安禄山大怒，他派出大将蔡希德等率领步骑兵三万人增援史思明，史思明也在博陵集结叛军各路人马，所部实力再度大增。但是因为此前已经连续败给郭子仪，所以史思明对于郭子仪和朔方军非常忌惮，在郭子仪撤军回常山的时候，史思明并不敢直接发起进攻，他率军紧随唐军之后，唐军前进他们就前进，唐军停止他们就停止。史思明此举就是试图给唐军制造压迫感，让唐军不得不时时刻刻处于紧张的防御状态，从而使唐军疲惫，让其内部生乱，然后再寻找战机。

对于史思明的目的，郭子仪自然是心知肚明，他内心冷笑道：雕虫小技，也敢在我面前卖弄。你不是想拖垮唐军吗？那我就来个以彼之道还施彼身，看看谁技高一筹！

郭子仪挑选出五百名精锐骑兵，让他们不停地在史思明的军队旁边游弋挑战，如果史思明派兵迎战，那么就立刻撤退；如果史思明坚守不出，那么就时时在外围骚扰，并制造一些小规模攻击。唐军苍蝇般的不停的骚扰让史思明军疲于应付，他们白天无法安心吃饭，晚上无法好好睡觉。在唐军这么折腾了三天之后，史思明也抵挡不住了，于是在尾随唐军到达唐之后，史思明见实在是没有机会捞到好处，便率军撤退，准备返回博陵。

看到史思明率军撤退，郭子仪意识到机会来了，他派出部队悄悄在沙河一带设伏，乘敌军疲惫之机，突然杀出，大败史思明。

听闻史思明又败在郭子仪的手里，安禄山也是无奈，但是不管有多么无奈，仗还是要打下去，因为河北地区实在是太重要了，绝对不能丢掉，而史思明是他最信任的将军，他已经无将领可换，所以只能选择无条件地信任史思明。此时的安禄山如同赌桌上输红了眼的赌徒，不管付出多大的代价，他都要把这场赌局进行下去。

为了保住河北地区，安禄山也是下了血本。他命令大将蔡希德再次率领步骑兵两万人增援史思明，同时命令留守范阳的牛廷玠派兵万余人南下，在这些援军到达之后，史思明的部队又恢复到了五万余人，其中包括精锐骑兵万余人，都是能征善战的胡人，因此战斗力非常强。安禄山准备在河北与郭子仪死磕到底，看看到底鹿死谁手！

听闻安禄山又派来了大量援军，郭子仪意识到安禄山已经压上了自己最大的筹码，而此时自己的朔方军也是唐军的王牌，所以接下来的这场仗将会是决定双方命运的生死大战，谁都输不起了。

看到气势汹汹的叛军，很多将领都主张应该避而不战，因为叛军远道而来，气势汹汹，急于求战，而自己的部队刚刚经历几场大战，此时亟待休整，不利于交战。

对于众将的主张，郭子仪表示自己并不完全赞同，他说道："你们的这些想法很有道理，我也赞同，守肯定是要守的，但是也要想好怎么守，我们绝对不能一味龟缩城中，这会让叛军的气焰更加嚣张，而且会在城中滋生恐惧的情绪，百姓对我们只会更加失望，陛下对我们也会不满，更重要的是我们自己的战士也会灰心丧气。所以我们必须给敌人一点厉害瞧瞧，打掉敌人的嚣张气焰！"

郭子仪也看出了众将的担心，他鼓舞大家说道："彼恃加兵，必易我；易我，心不固，战则克矣。此战必胜！"

看到郭子仪态度如此坚定，众将再无人反对。第二天，郭子仪率军出击，双方展开激战。朔方军是唐军精锐，史思明率领的也都是精兵，因此战斗非常激烈，难分胜负。为了督促将士拼死作战，郭子仪斩杀了一名临阵怯战的步军将领，众将士见此情景，不敢再畏缩，于是人人皆殊死战斗。最终唐军大获全胜，斩杀叛军两千余人，俘虏五百余人，缴获战马数千匹，沉重打击了叛军的士气。

虽然此战获胜，但是郭子仪也明白此战对叛军的打击有限，叛军主力犹存，其实力依然不容小觑，所以郭子仪实行了"坚壁不战"的策略，率军退守恒阳。此后叛军进攻，郭子仪就率军坚守；叛军撤退，郭子仪就率军追击，但是绝不穷追，以免落入敌人的圈套。当叛军不进攻的时候，郭子仪白天率领士兵在叛军军营外耀武扬威，做出一副随时都会进攻的架势，让叛军不得不紧张应对。到了晚上，郭子仪就派兵捣毁叛军的堡垒，让叛军晚上也无法休息，必须打起精神应对。

郭子仪的这一疲敌策略施行了多天，在这段时间里，叛军白天不得解甲，夜晚不得释鞍，人马疲惫不堪。史思明多次想主动进攻，打破战场上的僵局，但是郭子仪防守严密，叛军很难找到机会，史思明也是无可奈何。看到叛军的疲惫已经快到达极点，郭子仪和李光弼商议道："贼倦矣，可以出战！"

至德元年（756年）五月，郭子仪与李光弼、仆固怀恩、浑释之、陈回光等将领率领朔方军全部精锐部队，准备向叛军发动进攻。

为了确保此战万无一失，郭子仪制定了非常精妙的作战计划。恒阳东面有一座山，名叫嘉山，郭子仪命令两千名士兵伴装去东面运输粮草。史思明看到唐军终于有部队离开恒阳，于是立刻率军进攻这支运粮小部队，这支部队看到叛军来进攻，按照郭子仪的计策退往嘉山上防守，史思明立刻率军将嘉山四面包围。看到叛军中计，郭子仪立即率领精锐部队五万人大举出击。他命令部队多携带旗帜和战鼓，虚张声势，在行军的路上大张旗帜，擂响战鼓，以排山倒海之势向敌人发起进攻。

此时叛军正在艰难地进攻嘉山，突然从背后出现了大量唐军，旌旗蔽空，战鼓轰鸣，叛军感觉唐军仿佛有千军万马，每个人内心无不惊恐不堪，队伍也不免发生混乱。史思明也无法判断唐军虚实，仓促应战之下，叛军自然不是唐军的对手，一败涂地，唐军杀敌四万余人，俘虏五千余人，缴获战马五千余匹。史思明落马受伤，头盔、靴子全都跑丢了，他披散着头发，光着脚，万分狼狈，拄着一根断掉的长枪，几乎只身逃回博陵。李光弼率军追击并包围了博陵，史思明率军死守，李光弼攻城不克，遂撤军返回。

嘉山之战，是自安史之乱爆发以来唐军取得的最辉煌胜利。此战史思明率领的叛军五万余人几乎被全歼，河北地区的整体形势为之一变，周边十余郡闻讯，纷纷杀死叛军的守将，重新归顺了唐朝，河南的安禄山与其范阳老巢之间的联系再次被切断。经此一役，郭子仪和他率领的朔方军威震天下，郭子仪也自此天下扬名！

在听闻嘉山大败的消息之后，在洛阳的安禄山如同五雷轰顶，肝胆俱裂。他多次派骑兵试图前往范阳联络当地叛军，但是郭子仪严密防范，这些骑兵均被唐军擒获。安禄山手下很多将士的老家都在范阳，所以当时叛军内部军心开始动摇，惶恐不安。

安禄山把自己的谋士高尚、严庄招来，他把出兵不利归罪于这二人，责备道："汝数年教我反，以为万全。今守潼关，数月不能进，北路已绝，诸军四合，吾所有者止汴、郑数州而已，万全何在？汝自今勿来见我！"安禄山面对郭子仪的重拳出击和层层防卫，已经开始有些后悔谋反了。

另一名谋士田乾真劝说安禄山："自古帝王经营大业，皆有胜败，岂能一举而成！今四方军垒虽多，皆新募乌合之众，未更行陈，岂能敌我蓟北劲锐之兵，何足深忧！尚、庄皆佐命元勋，陛下一旦绝之，使诸将闻之，谁不内惧！若上下离心，臣窃为陛下危之！"田乾真认为，现在周围唐军虽然多，但都是新招募的乌合之众，并不是安禄山叛军的对手，现在最重要的是内部要团结。

听了田乾真的话，安禄山的火气才算消了下来，但是对于接下来怎么办，他依然拿不定主意。安禄山一直在考虑要不要放弃洛阳，然后集中全力回师击败郭子仪，打通与范阳的联系，但是好不容易打下洛阳，安禄山实在是舍不得。此时的安禄山陷入了长久的踟蹰之中。

应该说，此时的局势对于唐军来讲是非常有利的，安禄山局促于一隅之地，四面被围，如果周围的唐军能够步步紧逼，不断收缩包围圈，那么安禄山的灭亡就是迟早的事情。可是昏聩糊涂的唐玄宗昏招迭出，最终将大好局势全部葬送……

第四节 战局骤变

转折点就发生在那个要害之地——潼关。

当时杨国忠在朝中恃宠跋扈，对民间极尽搜刮，天下人对他无不切齿痛恨，再加上安禄山打着"诛杀杨国忠"的旗号起兵，这就更使得杨国忠成了众矢之的。此时哥舒翰率军驻守潼关，有人劝说哥舒翰率领精兵回师长安，先铲除杨国忠，为国除害，但是被哥舒翰拒绝，他说："如此，乃翰反，非禄山也。"后来此事泄露，为杨国忠所知，他惊惧万分，于是进宫对唐玄宗说："兵法，安不忘危。大兵在潼关而无后殿，万有一不利，京师危矣。"此时的唐玄宗已经不复当年英武，他再次听信了杨国忠所言。于是杨国忠招募三千精兵，日夜训练，他又招募了一万士兵驻扎在灞上，派心腹杜乾运任主帅，以此来防备哥舒翰。

哥舒翰怀疑杨国忠要暗害自己，于是上奏请求将杜乾运的军队划归他统率，并召杜乾运来商量事情。杜乾运来到哥舒翰的军营，哥舒翰立即将他在军门斩首示众，吞并了他的军队。杨国忠更害怕了，甚至对他的儿子说："吾无死所矣！"

到至德元年（756年）五月，哥舒翰已经坚守潼关快半年了，唐玄宗一直盼着哥舒翰能够早日击败安禄山。在听闻郭子仪在嘉山取得空前大胜之后，唐玄宗对于哥舒翰避而不战更加不满，要求哥舒翰出战，对此哥舒翰表示拒绝，他说："禄山虽窃据河朔，不得人心，请持重以敝之，待其离隙，可不血刃而禽。"哥舒翰的做法是正确的，安禄山与郭子仪交战连连败退，非常渴望一场胜利。而哥舒翰只要坚守，等到其他各方军队前来支援，叛军便大势去矣。

安禄山当然不能再与大唐对着耗下去。为了引诱唐军主动进攻，叛军将领崔乾祐驻扎在陕郡，他装作自己只有老弱残兵，故意向唐军示弱。唐玄宗闻讯之后，立刻催促哥舒翰出关进攻，再次遭到哥舒翰的拒绝，他说："禄山习用兵，今始为逆，不能无备，是阴计诱我。贼远来，利在速战。王师坚守，毋轻出关，计之上也。且四方兵未集，宜观事势，不必速。"意思就是，安禄山这个人，善于用兵，这肯定是在引诱我们，敌人利于速战，我军则利于坚守，现在四方援兵还没有完全集中到位，所以没必要召集进攻。

此时远在河北的郭子仪也向唐玄宗上书道："翰病且耄，贼素知之，诸军乌合不足战。今贼悉锐兵南破宛、洛，而以余众守幽州，吾直捣之，覆其巢窟，质叛族以招逆徒，禄山之首可致。若师出潼关，变生京师，天下怠矣。"在郭子仪看来，哥舒翰年老体弱，此事谁都知道，再加上其率领的都是新兵，根本没有战斗力。现在叛军主力全部都在河南，我军应该直捣范阳，彻底荡平其巢穴，这样安禄山自然不战自溃。郭子仪一再强调，一定要让哥舒翰固守潼关，万不可贸然出兵。

哥舒翰的分析很有道理，郭子仪的上书也是金玉良言，但是此时的唐玄宗完全听不进去，他只盼着早点打败安禄山，好继续当自己的太平君主。而且杨国忠一直担心哥舒翰要谋害自己，于是力劝唐玄宗出兵，他认为此时叛军疏于防备，哥舒翰却逗留不进，这是贻误军机。唐玄宗听了杨国忠的话，派使者催促哥舒翰出兵，使者一个接着一个，高仙芝、封常青的下场历历在目，哥舒翰被逼得没有办法，只得领命出关。

至德元年（756年）六月四日，哥舒翰率领二十万大军出潼关，对叛军发起进攻。叛军将领崔乾祐率军继续佯装败退，将唐军引入深山峡谷之地，随后叛军伏兵四起，唐军一片大乱，很快就在叛军的进攻之下一溃千里。潼关城门口挖有三条堑壕，宽两丈，深一丈，逃回来的唐军士兵坠落其中，互相践踏，最后把几条堑壕都填满了。哥舒翰也被部下出卖，最终被叛军俘虏，二十万唐军出击，逃回潼关的只有八千余人，战场形势再度转变。

唐军崩溃之后，叛军顺势攻破潼关，潼关以西的华阴、上洛等地唐军望风而溃。唐玄宗急忙召集大臣商议对策，此时杨国忠兼任剑南节度使，他早已命令留守剑南的节度副使崔圆暗中准备，以备危急时刻逃往蜀地，所以杨国忠根本没想着坚守长安，只是一味地劝唐玄宗赶紧逃走，去蜀地避难。此时的唐玄宗早已是六神无主，只得答应了杨国忠的建议。

六月十三日，唐玄宗在禁军的护送下仓皇逃离长安。皇帝逃走后，长安一片大乱，王公百官、市井百姓都争相逃走，不法之徒趁乱抢劫，四处纵火，就连皇宫都没能幸免。留守长安的京兆尹崔光远和宦官边令诚派人向叛军献城投降。

十四日，唐玄宗一行到了马嵬驿，随从的将士因为饥饿疲劳，心中怨恨愤怒。这时有吐蕃使节二十余人拦住杨国忠的马，向他诉说没有吃的，杨国忠还没有来得及回答，士卒们就喊道："杨国忠与胡人谋反！"有人用箭射中了杨国忠坐骑的马鞍，杨国忠急忙逃命，逃至马嵬驿西门内，被士兵追上杀死。

随后士兵们包围了驿站，唐玄宗走出驿门，慰劳军士，命令他们撤走，但军士不答应，将领陈玄礼说："国忠谋反，贵妃不宜供奉，愿陛下割恩正法。"即希望唐玄宗处死杨贵妃。唐玄宗本想再次保护杨贵妃，京兆司录参军韦谔上前说道："今众怒难犯，安危在晷刻，愿陛下速决！"宦官高力士见形势不妙，也劝说道："贵妃诚无罪，然将士已杀国忠，而贵妃在陛下左右，岂敢自安！愿陛下审思之，将士安，则陛下安矣。"唐玄宗只得让高力士勒死了杨贵妃。

在马嵬之变结束后，对于接下来何去何从，朝中众人产生了激烈的争论，有的人主张去陇右，有的人主张去灵武，有的人主张去太原，还有的人主张返回长安，但是唐玄宗依然希望能够去蜀地避险。此时韦谔建议："还京，当有御贼之备。今兵少，未易东向，不如且至扶风，徐图去就。"于是众人便向扶风进发。

但是并不是所有人都愿意和唐玄宗一起逃亡蜀地，偏安一隅，其中的代表人物就是太子李亨。

李亨，唐玄宗第三子，生于公元711年，开元二十六年（738年）被立为太子。在得知唐玄宗要逃往蜀地避难之后，李亨就觉得如此不妥，如果逃亡蜀地，偏居西南，那么全国战局如何统驭？届时如果安禄山真的统一了中原，那么恐怕即使在蜀地也难逃灭亡的命运。所以李亨觉得必须留下，让还在抵抗的唐军能够有一个指挥中枢，不至于分崩离析、各自为战，同时自己也可以摆脱父皇的影响，建立自己的功业。

沿途百姓扶老携幼，堵在路上，希望皇帝不要抛弃他们离开长安，他们说道："宫阙，陛下家居，陵寝，陛下坟墓，今舍此，欲何之？"唐玄宗并不愿意听从百姓的意见，于是就让李亨去把这些百姓打发了。百姓们见到太子，便对太子说道："至尊既不肯留，某等愿率子弟从殿下东破贼，取长安。若殿下与至尊皆入蜀，使中原百姓谁为之主？"李亨推脱自己必须在父皇身边服侍，不能留下。

此时李亨的儿子李俶和亲信宦官李辅国也劝说李亨道："逆胡犯阙，四海分崩，不因人情，何以兴复！今殿下从至尊入蜀，若贼兵烧绝栈道，则中原之地拱手授贼矣。人情既离，不可复合，虽欲复至此，其可得乎！不如收西北守边之兵，召郭、李于河北，与之并力东讨逆贼，克复二京，削平四海，使社稷危而复安，宗庙毁而更存，扫除宫禁以迎至尊，岂非孝之大者乎！何必区区温情，为儿女之恋乎！"李俶和李辅国的策略很明确，那就是眼下还有两支靠得住的部队，一支是西北边兵，另一支是郭子仪、李光弼率领的朔方军，只要有这两支军队在，那么克复二京、平定叛乱依然大有希望。

李亨本来心里也愿意留下，看到众人如此苦劝，于是答应了众人的请求，向唐玄宗请旨。唐玄宗看到形势如此，也就不再挽留李亨，自此父子二人分离。唐玄宗一行人经过一个多月的艰苦跋涉，于七月二十八日到达成都。

离开父皇之后，接下来该去哪里好呢？李亨自己心里也没有主意。李俶建议："殿下昔尝为朔方节度大使，将吏岁时致启，俶略识其姓名。今河西、陇右之众皆败降贼，父兄子弟多在贼中，或生异图。朔方道近，士马全盛，裴冕衣冠名族，必无二心。贼入长安方掳掠，未暇徇地，乘此速往就之，徐图大举，此上策也。"在李俶看来，河西、陇右的士兵很多都在潼关之战中被安禄山俘虏，安禄山有可能会利用这些俘虏来招降河西、陇右的官吏百姓，所以是不可以去那里的。朔方距离不远，兵马强盛，郭子仪等人也忠于朝廷，还是去朔方更好。

李亨接受了李俶的建议，率众向朔方进发，此行艰难无比，既有地理环境的阻隔，路上还有很多的盗贼和溃兵。七月九日，在经过半个多月的艰苦跋涉之后，李亨一行人终于到达了朔方节度使的治所——灵武。李亨到达灵武之后首先考虑的不是反击叛军，而是另一件事——即位，这倒不完全是因为李亨迫切想当皇帝，也是出于现实需要。太子的地位是不稳固的，皇帝随时都可以废掉，所以各地的大臣和将领并不会完全效忠太子，所以李亨只有继位为帝，才能真正建立一个能够统御四方的核心，整合抵抗力量。

七月十二日，李亨继位为帝，是为唐肃宗，遥尊唐玄宗李隆基为太上皇。按照惯例，新皇帝应该在继位的第二年才更改年号，但是为了宣示自己的正统地位，李亨在当年就改元至德，由此天宝十五年（756年）改为了至德元年。

到达灵武之后，唐肃宗立刻传令郭子仪、李光弼，要求他们立刻率军前来灵武护驾。在刚刚听闻潼关失守、长安失陷的消息后，郭子仪想的是自己立刻南下河南，威胁安禄山的后路，但是当接到皇帝的命令后，他陷入了长久的沉默。此时的郭子仪是真的舍不得离开河北，因为他知道自己一旦离开，那么史思明立刻会卷土重来，河北各地必然失守，到时候此地必然再度生灵涂炭。可是如果不走呢？如果安禄山孤注一掷，北上进攻灵武，让皇帝陷入险境，这个责任谁负得起？思索良久之后，郭子仪只得下令撤军。此时李光弼正在率军围攻史思明在河北最后的据点——博陵，在接到郭子仪的命令之后，李光弼知道大势已去，于是立刻放弃了围攻，撤军和郭子仪会合。

郭子仪、李光弼率领朔方军撤离河北，经井陉关到达河东，在留下部分人马守卫河东后，两人率领五万大军向灵武进发。七月底，郭子仪、李光弼率军到达灵武，看到威武雄壮的朔方军，唐肃宗始终悬着的心终于放了下来，现在他终于有了一支可靠的军队了。灵武的大臣和百姓也都欢欣鼓舞，史书记载"军声遂振，兴复之势，民有望焉"。

对于郭子仪和李光弼这两位国家栋梁，唐肃宗自然是不吝封赏，他任命郭子仪为兵部尚书、同中书门下平章事，兼朔方节度使；任命李光弼为户部尚书、同中书门下平章事，兼河东节度使。

所谓"同中书门下平章事"，起源于唐太宗时期。唐初，以中书省、门下省、尚书省综理政务。中书、门下二省地处宫内，尤为机要，故常联称，三省长官并为宰相，宰相共同在政事堂议事。此后，皇帝又指令其他官员参与朝政机密，其中官阶品级较低者，则用"同中书门下平章事"的头衔，亦为宰相。

兵部尚书掌管全国军务，同中书门下平章事是宰相，能够身兼这两个职务，就意味着郭子仪在文武两方面都达到了顶点。此时的郭子仪正好六十岁，在花甲之年他终于位极人臣，荣耀天下。

此时的郭子仪可没心情享受这份荣耀，战局危急，自己必须集中精力对付叛军。同时李光弼受命立刻前往太原，守卫河东地区，这就意味着郭子仪失去了最重要的臂膀，他要独自应对战局，郭子仪不禁感到此时自己的肩上犹如有万斤重担，不敢有丝毫懈怠。

此时唐军最重要的任务很明确，那就是收复长安，长安一日不收复，则灵武一日不安宁。但是此时唐肃宗深感自己实力不足，于是他想到了一个方法：请胡人助战。这个想法其实郭子仪也不是没想过。胡人的战斗力非常强悍，叛军之所以所向披靡，一个很重要的原因就是他们当中有大量的胡人，提升了他们的战斗力。但是请胡人助战是一把双刃剑，也有很大的负面作用，主要有两点：

第一，天下没有免费的午餐，请胡人助战必然要对他们许以厚利，但是此时战火纷飞，大唐已经拿不出多少钱来犒赏胡人了，所以如果想让胡人保持作战的积极性，就必然要默许他们烧杀抢掠，以获得足够的利益。老百姓已经深受叛军之苦，此时如果再加上胡人的搜刮，那么老百姓将会面临一场空前的灾难。

第二，多年以来，大唐一直以"天朝上邦，万国来朝"自居，周边各族对于大唐十分崇敬和向往。如果邀请大量胡人助战，那么必然会将大唐的虚实暴露在胡人的面前。到时候即使叛乱被平了，助战的胡人也必然会认识到大唐已经是一个虚弱的巨人，他们很有可能会产生侵犯大唐的念头，届时将会是驱除一虎，又来一狼。

正是因为意识到了这些，所以郭子仪始终没有向皇帝提起邀请胡人助战。但此时的唐肃宗已经管不了那么多了，至德元年（756年）九月，唐肃宗正式下诏邀胡人助战，他派仆固怀恩前往回纥请兵，同时诏谕西域诸国，对他们许以厚赏，邀请他们出兵助战。

十月，随着各地赶来的唐军以及助战的胡人源源不断到达灵武，唐肃宗手下的兵力已经相当可观，于是他决定南下收复长安。唐肃宗亲自检阅大军，发兵南征，大军到达彭原。此时的宰相房琯主动请缨，表示自己要率军收复长安，唐肃宗历来信任房琯，于是就答应了。房琯只是一介书生，根本不懂用兵，所以郭子仪并不赞成让房琯率领自己的朔方军，于是房琯就带着其他唐军南征。

房琯率军南征，将军务全部委托给书生出身的谋士李揖、刘秩，房琯骄狂地说道："贼曳落河虽多，安能敌我刘秩！"房琯将部队分为北、中、南三路进军。二十一日，中军、北军在陈涛遭遇安守忠率领的叛军。房琯本欲防守，等待时机，但因宦官邢延恩催促，只得出战。他采用春秋时期车战之法，以牛车两千乘进攻，命马步军护卫。安守忠命令叛军顺着风势，扬尘纵火，唐军大败，人畜相杂，死伤多达四万，仅有数千人逃出。二十三日，房琯又率南军与叛军交战，再次大败。

陈涛之败，让实力刚刚有所恢复的唐军再度元气大伤，唐肃宗所能倚靠的兵力也就只剩下郭子仪率领的朔方军了。所以唐肃宗不得不再次重视郭子仪的意见，希望他能够率领朔方军收复长安，但是遭到了郭子仪的拒绝，因为郭子仪早就已经把目光投向了另一个地方——河曲之地。

河曲，就是现在的河套地区。河曲地区土地肥沃，水草肥美，且北抵阴山，具有极高的经济和军事价值，所以安禄山派出将领阿史那从礼招诱当地胡人反叛唐朝。阿史那从礼到达河曲之后，很快就拥有了一支数万人的力量，集结在经略军，从北面威胁朔方。所以郭子仪决定先消灭阿史那从礼，消除来自后方的威胁，然后再收复长安。

但是还没等郭子仪出发，阿史那从礼就先动手了。至德元年（756年）十一月底，阿史那从礼率领同罗、仆骨五千骑兵，加上河曲九府、六胡州部落等数万兵力南下进攻灵武。郭子仪率领朔方军精锐，与回纥首领葛逻支联兵进击，两军大战于榆林河以北，唐军大败阿史那从礼，斩首三万人，俘虏一万人，缴获牛羊不可胜数。随后郭子仪进军河曲，当地各部族望风而降，河曲地区彻底平定。

平定河曲之后，郭子仪迅速率军南下，驻扎在洛交。洛交向南四百余里就是长安，郭子仪将会以洛交为起点，正式发起对叛军的反击……

第三章
克复两京：一剑光寒定九州

第一节　潼关之败

就在郭子仪磨刀霍霍，准备收复长安的时候，从洛阳突然传来了一个天大的好消息——安禄山死了！

安禄山梦想着当皇帝，也当成了，但是这九五之尊的高位还没有享受几天，他的身体就出了大问题。由于身体肥胖，安禄山身上长年长有疮疖，起兵叛乱之后他的病情愈发严重，甚至视力渐渐模糊，后来几乎什么都看不见了，他的身上长满了毒疮，痛苦不堪。

安禄山当时有两名亲信，一个是谋士严庄，另一个是宦官李猪儿，安禄山不会想到，正是这两名亲信终结了自己的性命。

因为疾病，安禄山深居简出，几乎所有的政令都由严庄代为传达，因此在叛军内部严庄大权在握，地位尊贵无比。但是由于病痛的折磨，安禄山变得喜怒无常、暴躁易怒，动辄就对周围的人使用刑罚，即使是最为亲近的严庄也经常遭到鞭棍抽打。严庄受不了这份侮辱，对安禄山非常愤恨。

李猪儿本来是契丹人，十几岁的时候离开契丹投奔安禄山，他非常聪明，安禄山很喜欢他。但是安禄山的思维不同寻常，为了让李猪儿长久留在自己身边，他决定把李猪儿变成宦官，于是安禄山亲自用刀对李猪儿施以宫刑，以至于李猪儿血流不止，昏死过去，过了整整一天才苏醒过来。虽然此后安禄山对李猪儿非常信赖重视，但是这种莫大的耻辱是李猪儿不能容忍的，他虽然屈身服侍安禄山，但是这份仇恨他一直埋藏在心底。

严庄和李猪儿，两个同样记恨安禄山的亲信最终联合起来，准备杀掉安禄山。为了让此事名正言顺，他们找到了第三个人——安禄山的儿子安庆绪。安禄山有很多儿子，为什么这两人要选中安庆绪呢？原因有两点：第一，安庆绪是安禄山原配妻子所生，是嫡子，继承安禄山的皇位名正言顺；第二，安庆绪为人一向懦弱，能力一般，这样的人便于控制。

安庆绪见父亲安禄山已经称帝，对"皇位"也生出了渴望。此时的安禄山极度宠爱他与小妾段氏的儿子安庆恩，并多次表示安庆恩就是他的接班人，安庆绪更加不安，开始密谋夺位。严庄和李猪儿的想法与他不谋而合。

757年正月的一天夜里，严庄和李猪儿拿着刀闯入了安禄山的营帐，李猪儿挥刀砍中安禄山的腹部。安禄山床头经常挂着一把刀，但是等他发觉刺客时已经身受重伤，很难起身拿刀反击，安禄山只得抓着帐幔大喊道："是我家贼！"喊罢很快就断气了。严庄和李猪儿在床下挖了一个几尺深的坑，用毛毯包着安禄山的尸体草草埋葬了。

第二天严庄宣告，安禄山病危，下诏传位给安庆绪，由安庆绪处置军国大事，尊称安禄山为太上皇。过了一段时间，安庆绪才公布安禄山的死讯。

听闻安禄山竟然死了，郭子仪大喜过望，他向唐肃宗上书，要求立刻进军长安，但是他没想到敌人阵营内部出了乱子，自己这边也不消停，唐朝内部也发生了两次重大内乱。

第一次是建宁王李倓之死。唐肃宗的儿子中，嫡长子是广平王李俶，而能力最强的是第三子建宁王李倓。李倓自幼就英武不凡，善于骑射，文武兼备，他的能力从在马嵬驿之变后他对唐肃宗的劝谏中就可见一斑。更为难得的是，李倓并不嫉妒兄长李俶的地位，丝毫没有夺嫡之心，始终兢兢业业地辅佐李俶。但是李倓为人正直，多次向唐肃宗揭露宦官李辅国和唐肃宗宠妃张良娣二人的罪行。于是李辅国、张良娣诬陷李倓欲谋害其兄李俶，唐肃宗听信谗言，赐死李倓，这无异于自断臂膀，朝野上下无不为之扼腕叹息。

第二次是永王李璘之乱。李璘是唐玄宗李隆基第十六子，被封为永王。安史之乱爆发后，唐玄宗任命李璘为山南东路、岭南、黔中、江南西路四道节度使，江陵郡大都督，坐镇江陵。当时天下大乱，只有南方未遭破坏，李璘手握四道重兵，拥有疆土数千里，权力极大。因此唐肃宗继位之后对于李璘非常提防。

756年十二月，李璘突然率领水军沿江而下，并派甲士五千人直奔广陵。丹徒太守阎敬之率兵抵挡，结果兵败被俘，李璘将阎敬之斩首示众，江淮地区大为震动。高适、来瑱、裴戎等人率领唐军前来讨伐李璘，唐军集结于瓜步，裴戎广树旗帜，大阅士兵，声势浩大。

李璘麾下的众将本来就不愿意和李璘一起造反，此时更是军心震动。李璘的部将季广琛对众将说道："与公等从王，岂欲反邪？上皇播迁，道路不通，而诸子无贤于王者。如总江淮锐兵，长驱雍、洛，大功可成。今乃不然，使吾等名结叛逆，如后世何？"意思就是，我们追随永王可不是谋反的，如果永王能够率军北上进攻叛军，必然大业可成，可是他率军造反，这不是让我们做反贼吗？众人听后都觉得有道理，于是纷纷逃离。李璘看到自己人心尽失，也不得不率军逃走，结果在逃跑的路上被唐军追上斩杀。

李璘的谋反就这么虎头蛇尾地结束了，此时郭子仪却紧张了起来，因为他得知了一个消息，当年自己的救命恩人李白受到了此事的牵连。原来李璘就任四道节度使之后，就邀请李白进入自己的幕府当幕僚，李白欣然答应。结果李璘造反，李白自然也就成了乱臣贼子，按照唐朝法律，李白应当被处斩。

听闻李白即将被判死刑，郭子仪如同五雷轰顶。常言道，滴水之恩当涌泉相报，何况李白对自己有救命之恩，自己就算是肝脑涂地也要报答！于是郭子仪不顾老迈之躯，策马数百里赶到了唐肃宗的面前，对皇帝恳求道："陛下，李白不过一文士，日常喜好诗酒放纵，不谙政治，绝无造反之心。李白当年对臣有救命之恩，臣愿意辞去官职，以换取陛下对李白从轻发落！"说完郭子仪深深跪倒在地。

看到郭子仪如此情真意切，唐肃宗急忙走过去把郭子仪扶起来，说道："爱卿言重了，朕对此事也略有所知，李白虽然有罪，但他毕竟不是主谋，所以罪不至死，既然郭爱卿也这样认为，那朕自当赦免于他！"唐肃宗才不关心李白是谁，但眼前的郭子仪可是大唐的栋梁，当下正是用人之际，怎可因为一个李白而失去郭子仪这样的顶梁柱呢？不过虽然李白主观无意，但他也确实是叛乱的客观参与者，当此安禄山叛乱的关头，对于叛臣尤其不能容忍，所以唐肃宗虽然免了李白的死罪，但是也不能判李白无罪，最终唐肃宗下诏，将李白流放夜郎。

安禄山死后，叛军内部矛盾重重，此时本来应该是唐军乘胜进取的最好时机，但是因为建宁王李倓之死和永王李璘之乱的发生，唐军进攻的步伐被拖慢，不但没有能够趁机进取，反倒在太原地区出现了巨大的危机。

757年一月，史思明、蔡希德、高秀岩、牛廷玠四路大军，共计十万人大举进攻太原。郭子仪、李光弼原本率领的朔方军主力部队几乎全部被唐肃宗调往灵武，此时防守太原的李光弼兵微将寡，所部不足万人，与叛军相差悬殊。所以史思明对于攻占太原充满了信心，他准备攻占太原之后，与关中地区的叛军联合，从东、南两个方向对灵武发起进攻。因此，太原的得失对于唐军而言至关重要。

正是因为深知太原的重要性，所以李光弼决心死守太原。在兵力悬殊的情况下，李光弼一面防御固守，一面守中有攻。史思明在城外建造了巨大的攻城塔和土山，居高临下攻击太原城墙，李光弼就让士兵从城中挖地道，通往攻城塔和土山之下，将其摧毁；他还在城上安装石炮（抛石器），重创叛军。

史思明围攻太原一个多月，屡攻不下，于是他挑选精锐骑兵，对他们说："我攻其北则汝潜趣其南，攻东则趣西，有隙则乘之。"史思明试图通过调虎离山之计来创造机会，可是太原守军军令严肃，各处城墙即使没有敌人来袭，也戒备森严，史思明始终找不到机会。后来安庆绪调史思明前去守卫范阳，留下蔡希德等人继续围攻太原，李光弼率敢死队向叛军发动进攻，斩首叛军七万余级，缴获大批军械。太原之战唐军取得完全胜利。

当李光弼正在太原苦战的时候，他心里肯定急切地盼望着郭子仪赶紧来帮他，但是他左等右等始终等不来，因为郭仪把目标定在了另一个地方——蒲津。

蒲津所在的今晋西南地区，历来就是战略要地，这里位于现在山西、陕西、河南三省交界处，从北方来的黄河在这里突然向东转了一个九十度的大弯。从蒲津出发，可以向北沿着汾河而上去往太原，也可以向西越过黄河直接威胁长安，还可以越过中条山进入河南，直接威胁洛阳。所以蒲津是一个重要的交通节点，攻克蒲津是收复长安和洛阳的重要一步。

郭子仪认为，眼下史思明率领大军围攻太原，长安地区的叛军必然不强，所以眼下是收复长安的良机。蒲津位于长安和太原之间，攻克蒲津既可以直接威胁长安，也可以截断叛军由太原前来支援长安的道路，所以郭子仪决定先攻打蒲津。这样一来这一仗就又成了常山之战的重演，郭子仪依然想利用李光弼将叛军主力缠住，从而为自己的进攻创造条件。

正是因为蒲津极为重要，所以安禄山派出大将崔乾祐守卫蒲津。崔乾祐曾经在潼关之战中大败哥舒翰，是叛军中的悍将之一，实力不可小觑。所以郭子仪为此战也是做足了准备。757年一月底，郭子仪派人秘密联系了蒲津城内不愿臣服叛军的原唐朝官员，永乐尉赵复、河东司户韩旻、司士徐昆、宗子李藏锋四人均表示愿意在唐军攻城之时作为内应。

二月初，郭子仪率军自洛交出发，对蒲津发动奇袭，当天夜里，赵复等人杀死守卫城门的叛军，打开城门迎唐军入城。此时崔乾祐尚在睡梦之中，在惊闻唐军已经攻入蒲津之后，崔乾祐慌忙逃出蒲津。但是崔乾祐不愧是叛军悍将，他并没有一走了之，他听闻城北还没有被唐军占领，于是率领城北叛军对唐军发动反击，试图将唐军赶出蒲津。郭子仪率众力战，最终击败了叛军的反击，斩首四千余级，俘虏五千余人，收复蒲津。

崔乾祐狼狈逃往安邑，安邑人假意接纳他，当崔乾祐的军队进城进到一半的时候，安邑人突然关闭城门，对入城的叛军发起进攻，几乎将其全歼。此时崔乾祐尚未入城，所以侥幸捡回一条性命，他率剩余人马自白径岭逃往洛阳，投奔安庆绪。

在攻克蒲津的同时，郭子仪还派兵攻占了冯翊。至此，今晋西南地区黄河两岸均被唐军控制，这为接下来收复两京创造了重要条件。

在攻克蒲津之后，唐军对长安的叛军构成了三面包围：长安的北、西、南三面都被唐军控制，只有东面叛军还可以通过潼关与洛阳联系。郭子仪面临着一个选择：要不要攻打潼关，切断长安叛军的最后一条退路呢？如果不攻打潼关，而是直接进攻长安，那么长安叛军就有机会通过潼关撤往洛阳，届时唐军即使占领了长安，也难以对叛军的有生力量形成毁灭性打击。而如果能够先打下潼关，那么长安叛军就成了瓮中之鳖，唐军可以打一场大歼灭战。

所以郭子仪决定：攻打潼关，彻底围歼长安叛军！但是郭子仪不会想到，这个决定是一个巨大的错误，他将为此付出巨大的代价。

757年二月底，郭子仪派手下大将仆固怀恩、李韶光、王祚以及自己的儿子郭旰，共同率军由蒲津南下渡过黄河，进攻潼关。战斗非常顺利，守卫潼关的叛军几乎没做有力抵抗就望风而溃，唐军斩首五百余级，攻克天险潼关，彻底切断了洛阳和长安之间的联系。

听闻潼关被唐军占领，安庆绪大为震惊，他立即调集在洛阳的全部叛军精锐，由大将李归仁率领从东面攻打潼关，据守长安的安守忠也率军从西面发起进攻，潼关遭到两面夹击，唐军不得不分头应对。二月二十九日，仆固怀恩、王仲升率军与安守忠大战于永丰仓，两军从早晨一直打到晚上，战斗极为艰苦，最终仆固怀恩击败安守忠，斩首敌军万余人。

不过在东面唐军就没有这么幸运了，面对李归仁率领的叛军主力部队，唐军虽然奋力抵御，但是最终还是力不能支，一败涂地，潼关失守，李韶光、王祚、郭旰全部阵亡。李韶光等人阵亡之后，仆固怀恩独木难支，很快就被叛军击败，所部死伤过半。仆固怀恩率残部撤退到黄河边的时候，没有船只可以渡河，仆固怀恩等人只能抱着马游过黄河，这才侥幸捡回了一条性命。

潼关之败，是郭子仪平叛以来遭遇的第一场大败，此战多名将领阵亡，士兵战死万余人，朔方军遭到了空前的打击，再加上儿子郭旰的阵亡，更加让郭子仪痛苦不堪。那么郭子仪此战为什么会输呢？最主要的原因是郭子仪太想赢了。

进攻潼关，截断两京之间的联系，进而围歼长安叛军，这个构想非常完美，战果也必然很丰厚。但是在战场上收益越大，风险必然也越大，进攻潼关最大的风险就在于会遭到来自长安和洛阳的两面夹击：驻守长安的安守忠为了保证自己还有撤退的后路，必然会拼死保住潼关；坐镇洛阳的安庆绪为了保证洛阳的安全，也必然要求潼关必须掌握在自己的手里。所以郭子仪即使能够打下潼关，也必然会面对来自两个方向叛军的疯狂反扑，此战的难度可想而知。

作为一代名将，郭子仪对于进攻潼关的风险不知道吗？他肯定是知道的，但是他依然冒险进攻潼关，原因就在于郭子仪太想赢了。叛乱已经持续一年多了，这一年多时间里唐军的战绩并不理想。除了郭子仪之前取得的嘉山大捷之外，唐军在正面战场上几乎就没有什么像样的胜利，现在两京全部丢失，大唐军心民心备受打击，唐肃宗也为此焦虑不安。值此危急存亡之秋，单纯收复长安是不够的，必须要有一场酣畅淋漓的大胜，才能让大唐重新振奋起来，所以郭子仪才期盼着能够在长安再复制一场嘉山大捷，上慰陛下之心，下合万民之望。

只可惜事与愿违，郭子仪遭遇了一场惨败。看到儿子郭旰的尸体，他感到自己于公对不起皇帝和亿万黎民，于私对不起父母妻儿，郭子仪不禁失声痛哭……

第二节　清渠再败

唐军中最精锐的朔方军大败于潼关，这本是叛军乘胜进攻灵武的好时机，但是此时安庆绪无力向长安调兵遣将，因为此时叛军多线作战的劣势尽显，大量叛军被牵制在了一座城池之下——睢阳。

到了唐朝中期，中国的经济中心已经基本由北方转移到了南方，南方的江淮地区成了全国的财赋重地，至关重要，因此叛军在中原攻城略地的同时，还对江淮地区发动了大规模进攻。756年二月，叛军将领令狐潮率军一万五千余人进攻雍丘，唐军守将贾贲、张巡率军三千余人拼死抵抗，给予叛军沉重打击。为了攻陷雍丘，安禄山不断增兵，但是守城唐军打退了叛军的一次次进攻，双方的激战一直持续到十二月，随着附近城池不断失守，张巡率部退守睢阳。

睢阳是中原地区与江淮地区之间的重要交通节点，水路和陆路交通都非常发达，自古以来就是兵家必争之地。叛军如果想进军江淮，就必须先攻克睢阳。于是757年一月安庆绪派部将尹子奇率同罗、突厥、奚等部族精锐兵力共十三万人，大举进攻睢阳。当时守卫睢阳的唐军只有区区六千八百人，但是张巡毫不畏惧，他激励将士固守，昼夜苦战，有的时候一天双方要交战二十余次，但是在张巡的率领下睢阳守军始终士气不衰。双方激战十六天，唐军擒获叛军将领六十余人，斩杀叛军两万余人，大获全胜。

三月，尹子奇再度率领大量叛军围攻睢阳。张巡对众将士说道："吾受国恩，所守，正死耳。但念诸君捐躯命，膏草野，而赏不酬勋，以此痛心耳！"众心激愤，无不踊跃求战。于是张巡宰牛置酒，让众将士饱餐一顿，随后率领全军出城，张巡亲自挥舞着战旗冲锋在前，众将士紧随其后，向叛军发起猛攻。唐军所向披靡，斩杀叛军三千余人，将叛军逐退数十里。第二天叛军再度进攻睢阳，张巡率军出城交战，激战一昼夜，再度击溃叛军。

张巡等人在睢阳以寡敌众，牵制了叛军大量兵力。试想一下，如果安庆绪将尹子奇率领的十三万叛军全部投入关中战场，那么纵使郭子仪是一代名将，恐怕也无回天之力。因此本书虽然以郭子仪为主角，但是在讲述郭子仪的同时，我们也不应该忘了其他唐军艰苦奋战的故事。

虽然安庆绪已经无法再给身在长安的安守忠再派出多少援

兵了，但是潼关一战的胜利依然让安守忠信心倍增：所谓的郭子仪，所谓的朔方军，也不过如此嘛！安守忠产生了一个不切实际的想法，那就是仅凭他一己之力，就可以和朔方军较量一下。于是757年三月安守忠率军两万余人由长安出发，渡过黄河对河东地区发动进攻。常言道骄兵必败，郭子仪利用安守忠骄傲自满的情绪，巧妙诱敌深入，大败叛军，斩首八千余级，俘虏五千余人，安守忠狼狈逃回长安。此战的胜利让关中地区唐军的战局转危为安，也让潼关之败后朔方军颓废的士气有所恢复。

此时来自陇右、河西、安西、西域等地的唐军援军不断到达，唐军的实力不断增强，所以唐肃宗对收复长安的渴望越来越强烈。为了能够更好地指挥前方战事，唐肃宗离开灵武，抵达了离长安更近的凤翔，长安民众听说皇帝抵达凤翔，于是纷纷逃离长安来到凤翔投奔皇帝，他们急切地希望皇帝能够立刻派兵收复长安。

针对接下来的战略，唐肃宗和他的重要谋臣李泌产生了巨大的分歧。李泌主张调集精兵先向东北进发，攻取范阳，占领叛军的巢穴，届时长安叛军必然军心大乱，那时便可以集中兵力攻取长安。唐肃宗认为："今大众已集，庸调亦至，当乘兵锋揭其腹心，而更引兵东北数千里，先取范阳，不亦迂乎？"

对此李泌反驳道："今所恃者，皆西北守塞及诸胡之兵，性耐寒而畏暑，若乘其新至之锐，攻禄山已老之师，其势必克。两京春气已深，贼收其余众，遁归巢穴，关东地热，官军必困而思归，不可留也。贼休兵秣马，伺官军之去，必复南来，然则征战之势未有涯也。不若先用之于寒乡，除其巢穴，则贼无所归，根本永绝矣。"在李泌看来，唐军攻克长安和洛阳问题不大，但是西北边兵不习惯中原的暑热气候，马上就要到夏天了，他们肯定不愿意在中原久留。届时叛军如果集中兵力反击，到时候战局就难说了。所以不如先占领叛军的巢穴，这样叛军退无所归，就无法再反扑了。

平心而论，李泌的主张很有道理，但是此时的唐肃宗已经听不进去不同意见了，他急不可耐地想要收复长安，所以拒绝了李泌的建议。想要直接攻打长安，必然要任命一名主帅，于是唐肃宗任命自己的长子广平王李俶为天下兵马元帅，统帅所有唐军。但是此时李俶只有三十二岁，也没有带兵的经验，所以李俶实际上只是挂名，必须给他配备一名忠心而又能干的副手。对于选择谁做副手，唐肃宗并没有什么犹豫，他任命郭子仪为天下兵马副元帅、司空，全权负责前方军务。

听闻皇帝给予自己如此重任，郭子仪诚惶诚恐，立刻赶往凤翔。四月初，郭子仪与李俶一起率军出征。听闻唐军大举进攻，安守忠立刻派出大将李归仁率领五千铁骑截击唐军，李归仁准备在地形复杂的三原一带偷袭唐军。但是郭子仪很快就获悉了李归仁率军出击的消息，于是他决定以彼之道还施彼身，派仆固怀恩、王仲升、浑释之、李若幽等人，率军在白渠留运桥设伏。四月十三日，当李归仁率军到达留运桥时，唐军伏兵四起，叛军一片大乱，很快就被唐军全歼，李归仁脱掉甲胄，游过白渠，这才侥幸捡回了一条性命。

初战获胜之后，郭子仪率军继续前进，到达长安西北方向的西渭桥，在这里郭子仪与来自凤翔的唐军王思礼部会合。渡过渭河之后，郭子仪率军驻扎在渭河的一条支流潏水西侧。听闻郭子仪率领大军进逼，安守忠、李归仁立刻率军驻扎在长安西面的清渠，准备迎战郭子仪。

面对以逸待劳的叛军，郭子仪并没有贸然发动进攻，而是和叛军展开对峙。对峙持续了七天，五月六日安守忠率军假装撤退，郭子仪一看对方撤军，立刻全力压上，发动进攻。安守忠调转马头迎战，他命令九千名精锐骑兵组成一条长蛇阵，迎战唐军。

长蛇阵，在战场上其实是一种失败率很高的阵型，因为这种阵型容易被对方中央突破，进而被斩为数段，各个击破。看到安守忠摆出这么愚蠢的阵型，郭子仪心里也很不解，安守忠是不是藏着什么阴谋呢？不过箭在弦上，不得不发，眼前的形势已经容不得郭子仪多想了，因为此时如果敌前撤退，那么危险性同样巨大，所以郭子仪命令唐军发动进攻。

按照攻破长蛇阵的常规方法，郭子仪命令唐军进行中央突破，猛攻安守忠的中军，但是安守忠的中军全部都是精锐部队，死战不退，唐军始终无法实现突破。就在此时，位于两翼的叛军突然向中间发起包抄，唐军三面受敌，瞬间军心大乱，叛军中军也趁势发起反击，唐军一败涂地，溃不成军。清渠之战，唐军损失士卒数万人，判官韩液、监军孙知古被俘，军资器械损失殆尽，郭子仪率军退守武功，唐军各城池纷纷宣布戒严。

　　清渠之战是郭子仪军事生涯遭遇的又一场大败，其影响甚至超过了之前的潼关之战。清渠之战的失败，标志着自房琯陈涛之败后，唐军收复长安的计划又一次遭到了巨大的挫折，大唐的军心民心遭到了沉重的打击。在率军退守武功之后，郭子仪立刻赶往凤翔，向唐肃宗请罪，虽然唐肃宗也对清渠之败痛心不已，但是此时正值用人之际，他是绝对无法离开郭子仪的，所以唐肃宗下令，将郭子仪从司空一职降为尚书左仆射，其他官职保持不变。不管是司空还是尚书左仆射，对于郭子仪来讲都只是一个挂名，所以实际上唐肃宗只是对郭子仪进行了一下象征性的处罚，依然任用他统帅大军。

　　清渠之败的另外一个后果，就是唐军的官僚体系更加混乱。

　　由于中原地区基本都被叛军占领，所以江淮地区的物资运往关中就变得非常困难。江淮地区的财物需要先沿长江逆流而上到达今武汉地区，然后进入汉江，再沿汉江逆流而上到达汉中，随后翻越秦岭，才能到达武功、凤翔一带。这一路要么是逆流而上，要么是翻越大山，运输过程非常艰苦，成本高昂，并且沿途损耗甚大。

　　朝廷财物匮乏，根本没有钱赏赐将士，能够给予将士的只有官职和爵位。所以当将士们出征的时候，唐肃宗滥发官爵，上至开府、特进、列卿、大将军，下至中郎、郎将，赏赐的官爵不可胜数。唐军经常一支部队的军官全部都享有高级官爵，根本无法确定隶属关系，唐肃宗不得不临时委以职任，这样才能确定指挥关系。

唐肃宗积攒了几个月的物资，好不容易组织了一次进攻，结果清渠一战损失殆尽。清渠之战后，朝廷必须重新募集士兵，但是又提供不了足够的军饷，只能继续发放官爵，所以官爵的滥发日甚一日。当时官爵几乎成了"白菜价"，一个"大将军"的名号出售后，换来的钱只够喝一顿酒。本来只有朝中重臣才能享有的紫色官服和金鱼袋，现在街上随处可见。经过清渠之败，唐朝的官僚体系几乎完全崩坏。

在清渠之战取得大胜之后，安庆绪如果能够再接再厉，直捣灵武，那么战局的发展还真的不好预测。但是安庆绪没有抓住这一天赐良机，他依然在执着地进攻睢阳，希望能够进而攻占江淮，获得那里大量的人口和财富。在这几个月的时间里，驻守睢阳的张巡承受了巨大的压力，但是在他的指挥之下，睢阳军民同仇敌忾，睢阳城始终坚不可摧。

757年七月，双方在睢阳的大战进入最后阶段。叛军将领尹子奇率领数万大军猛攻睢阳，睢阳守军只剩千余人，士兵每日只能分到一勺米，饿了只好吃树皮和纸，他们瘦弱得拉不开弓，已经濒临绝境。为了让战士们有力气作战，张巡甚至杀了自己的爱妾，煮熟犒赏将士。就这样战斗又持续了一个月，守军只剩下了六百余人。

十月九日，睢阳最终被叛军攻陷。张巡向着皇帝所在的西方跪拜哭泣道："臣力竭矣，不能全城，生既无以报陛下，死当为厉鬼以杀贼！"尹子奇俘虏了张巡之后问道："闻君每战眦裂齿碎，何也？"张巡回答："吾志吞逆贼，但力不能耳！"看到张巡的气魄，尹子奇大受震撼，想饶张巡一死，手下劝说道："彼守节者也，终不为吾用。且得士心，存之，将为后患。"尹子奇最终将张巡斩首，一代忠臣自此殉国成仁。

睢阳保卫战是中国历史上一场可歌可泣的壮烈战役，此战张巡率领睢阳军民以寡敌众，连续击败叛军，既保卫了江淮地区，同时又有效牵制了叛军在其他方向的用兵，对战局产生了至关重要的作用。叛军虽然占领了睢阳，看似打开了通向江淮地区的大门，但是他们无力再继续向南前进了，因为郭子仪的进攻马上又要开始了……

第三节　收复长安

757年八月二十三日，在经过了两次失败之后，唐肃宗又一次发起了对长安的进攻。唐肃宗依然任命广平王李俶为天下兵马元帅，郭子仪为天下兵马副元帅，两人共同率军出征。出征之前，唐肃宗大宴诸将，在宴会上唐肃宗对郭子仪说："事之济否，在此行也！"郭子仪也坚定地说道："此行不捷，臣必死之！"

经过潼关和清渠两次失利，郭子仪背负着巨大的心理压力。此时皇帝不仅不怪罪自己，反而依然对自己信赖有加，郭子仪既感激涕零，感谢皇帝的宽宏大量，同时又羞愧难当，他对于自己没能完成好皇帝交给自己的任务而惭愧不已。此时的郭子仪在心里郑重做出决定：此战，不成功，便成仁！

为了能够收复长安，唐肃宗毫无保留，拿出了自己的全部家底，派出了十五万大军出征，其中包括一支神秘之师——回纥骑兵。

回纥，又被称为回鹘，是铁勒诸部的一支。隋大业元年，铁勒袁纥部因反抗突厥的压迫，与仆固、同罗、拔野古等成立联盟，总称回纥。唐贞观二十年（646年）回纥配合唐军攻灭了薛延陀政权，回纥首领吐迷度接受唐朝的管辖，唐在其地分置六府、七州。天宝三年（744年），回纥首领骨力裴罗自立为可汗，建立回纥政权。这时回纥控制的地区，东起今额尔古纳河，西至伊犁河流域，势力日益强盛。

回纥人从小在马背上长大，民风彪悍，英勇善战，常年在边境地区任职的郭子仪对此早有耳闻。虽然郭子仪一直对于邀请外族助战不置可否，但是此时战局正处于危急时期，郭子仪也管不了那么多了，他上书唐肃宗，主张邀请回纥人助战，此前回纥可汗也多次表示自己愿意派兵帮助唐朝平叛，于是唐肃宗答应了郭子仪的请求。回纥怀仁可汗派自己的儿子叶护率领精锐骑兵四千人前来助战。

天下没有免费的午餐，回纥人的助战是有条件的。回纥骑兵到达凤翔之后，他们虽然人少，可是由于战斗力很强，所以提出的条件一点都不低，最终唐肃宗被迫与他们约定："克城（长安）之日，土地、士庶归唐，金帛、子女皆归回纥。"也就是说，攻占长安之后，回纥骑兵可以随意抢掠，全城财富尽归回纥所有。为了拉拢回纥人，李俶和叶护结为兄弟。可以说为了能够让回纥人好好打仗，唐肃宗几乎倾尽了一切。虽然郭子仪也支持皇帝的做法，但是他的内心充满了酸楚：这样有求于人的战斗，大唐百姓又要遭一劫难啊！

757年九月，天下兵马元帅广平王李俶、天下兵马副元帅郭子仪率军离开凤翔，十五万唐军浩浩荡荡地向长安进发。唐军到达扶风之后，郭子仪前去慰问了回纥军队，大宴三天。叶护看到郭子仪只是招待他们饮宴，却丝毫不急着前进，非常不满，他对郭子仪说："国家有急，远来相助，何以食为！"听到叶护这么说，郭子仪夸赞道："将军如此公忠体国，一心求战，老夫深感钦佩，老夫一定要把将军的爱国之心报告陛下，陛下必然大为欣慰。"虽然明面上这么说，但是郭子仪心里冷笑道：话说得冠冕堂皇，别以为我不知道，你们是急于求战吗？你们不过是急着想得到长安城里的财宝罢了！

郭子仪此战稳扎稳打，唐军前进的速度并不快，从凤翔到长安只有三百余里，唐军却走了半个月，直到月底才到达长安以西的香积寺，在香积寺以北的沣水东面扎营。《孙子兵法》有言："五十里而争利，则蹶上将军，其法半至；三十里而争利，则三分之二至。是故军无辎重则亡，无粮食则亡，无委积则亡。"郭子仪之所以把行军速度控制得这么慢，就是要让士兵有充沛的体力，同时让后勤部队不与主力部队脱节，保证全军的后勤供应充足。

听闻唐军已经到了长安城郊，安守忠调集全部主力部队十万人出城，迎击唐军。郭子仪立即布阵迎战，他命令李嗣业为前军，王思礼为后军，自己则亲自率领中军。叛军将领李归仁率军出阵挑战，结果被唐军击退，郭子仪命令唐军乘胜追击。当唐军追击到叛军主力部队阵前的时候，叛军突然鼓角齐鸣，大部队迅速压上，唐军力战不支，开始退却，阵型也越来越混乱，眼看就要失败。但是幸运的是，唐军在败退的过程中丢弃了大量的辎重物资，很多叛军士兵忙着去抢东西，这就延缓了叛军的进攻速度，唐军这才没有遭到大败。

虽然唐军逃过一劫，但是战局依然非常危险。叛军的追击并没有完全停止，他们也不可能一直忙于抢物资，等他们再次集结完毕后，肯定会再发动大规模进攻，唐军可能再败。在此危难时刻，前军将领李嗣业怒吼道："今日不以身饵贼，军无孑遗矣。"现在已经到了最危急的时刻了，再不拼命，更待何时！于是李嗣业脱掉铠甲，赤膊上阵，拿着长刀站在阵前，"大呼奋击，当其刀者，人马俱碎，杀数十人"，唐军才逐渐镇定下来。

看到军心已经安定，李嗣业让麾下士兵全部手持长刀，排成紧密的阵型，全军如同一堵墙一样齐头并进，李嗣业本人更是身先士卒，冲在最前面。战斗中都知兵马使王难得为了救自己的一名属下，被叛军的箭射中了眉毛。王难得立刻把箭拔了出来，结果拔箭的时候撕裂了皮肤，一块皮垂下来把眼睛遮住了，王难得又伸手把这块皮给扯了下来，顿时血流满面，但是王难得依然奋战不止。在李嗣业、王难得这样的悍将的率领下，唐军士气大振，奋勇向前，一路砍杀，所向披靡。

在战斗开始之前，叛军埋伏了一支精锐骑兵部队在唐军的东面，准备等唐军全军出击之后袭击唐军的侧背。在清渠之战中，叛军就是通过两翼夹击，击败了唐军，所以在此战中郭子仪吸取了教训，他非常注重对侧翼的警戒和保护，派出了大量斥候侦察叛军在唐军侧后的动向。果不其然，叛军故技重施，唐军斥候很快就发现了这支埋伏的叛军。

郭子仪闻讯，立刻命令朔方左厢兵马使仆固怀恩和回纥骑兵立刻前去消灭这支叛军。这支叛军骑兵本来是想打唐军一个措手不及，结果反倒遭到唐军的袭击，被唐军打得丢盔弃甲。此战是回纥骑兵的首战，回纥骑兵本来就英勇善战，此战他们迫切地想证明自己的能力，以拿到长安城内的财富，所以战斗中无不以一当十。在唐军的凶猛进攻之下，这支叛军骑兵很快就被歼灭。

叛军正面战场进攻受阻，侧翼偷袭的部队又被唐军歼灭，叛军士气遭到了巨大的打击，现在轮到唐军反击了。郭子仪命令李嗣业率部与回纥骑兵一起，绕到叛军的后面，对其发动偷袭，叛军猝不及防，全线崩溃。

此战，双方从中午一直战至天黑，唐军取得了最终胜利，斩杀叛军六万余人，生擒两万余人，叛军的尸体填满了沟壑，其余的叛军趁着天黑逃进长安城。虽然这些叛军侥幸捡回了一条命，但是经过这场大败，他们惶惶不可终日，喧哗之声到了半夜还没有停止。

长安之战，郭子仪一战歼敌八万余人，这是迄今为止郭子仪军事生涯中战果最大的一场胜利。此战郭子仪之所以能够取胜，一个很重要的原因就是郭子仪充分吸取了清渠之战失败的教训：

在战前郭子仪稳扎稳打，步步为营，没有给叛军任何以逸待劳的机会；战斗中郭子仪非常注重对侧翼的保护，粉碎了叛军的偷袭；战斗的决胜阶段，郭子仪以彼之道还施彼身，从叛军后背发动偷袭，最终让叛军全线崩溃。

此战唐军虽然取胜，但是其中的过程非常凶险，如果没有李嗣业、王难得的奋勇作战，此战唐军是否能够取胜，尚未可知。安守忠和李归仁也证明了他们绝非庸才，他们之前能够两次击败郭子仪绝非偶然。

在取得大胜之后，杀红了眼的仆固怀恩依然不愿停手，他向主帅广平王李俶建议道："贼弃城走矣，请以二百骑追之，缚取安守忠、李归仁等。"仆固怀恩认为，经过此败叛军损失大半，长安城注定已经无法再守了，安守忠和李归仁肯定会趁夜逃走，此时如果能够派出骑兵在他们逃走的必经之路上堵截，一定可以生擒他们。但是李俶不同意，他说："将军战亦疲矣，且休息，俟明日图之。"

看到李俶反对，仆固怀恩争辩道："归仁、守忠，贼之骁将，骤胜而败，此天赐我也，奈何纵之！使复得众，还为我患，悔之无及！战尚神速，何明且也！" 安守忠和李归仁是叛军悍将，现在有机会抓住他们，这是天赐良机！如果让他们逃走了，那么必定会后患无穷，将来后悔就来不及了！但是李俶始终不答应，仆固怀恩不愿意放弃，一晚上去求了李俶四五次，李俶就是不松口。第二天早晨，唐军斥候回报，安守忠、李归仁、张通儒、田乾真等叛军将领果然在晚上逃离长安。

后人经常以此事来指责李俶不懂军事、坐失良机，但是实际上李俶的决定无可厚非。虽然长安一战，叛军十万大军损失大半，但是安守忠、李归仁逃跑的时候绝对不是孤家寡人，手下几千人总是有的。常言道穷寇勿追，仆固怀恩妄图用两百骑兵就擒获安守忠和李归仁，无异于是痴人说梦。所以如果想堵截安守忠和李归仁，没有几千人是绝对不行的，而经过白天的战斗，唐军士兵都已经精疲力竭，此时再让他们连夜作战，这在执行层面难度是非常大的。所以仆固怀恩的计策虽然看起来行得通，但是并不切实际。

此外，这个决定应该是郭子仪做出的。李俶的天下兵马元帅只是挂名，他本人不懂军事，所有的军事决策基本都是郭子仪做出的，所以这个决定很有可能也是郭子仪的想法。之所以郭子仪要让李俶拒绝仆固怀恩，主要是对李俶的尊重，因为毕竟李俶才是名义上的最高统帅，军事决策即使是郭子仪做出的，也需要通过李俶来发布，只有这样才能保证李俶的最高地位。李俶是皇帝的长子，很有可能是下一任皇帝，这样的人郭子仪是不敢得罪的，所以虽然自己实际上兵权在握，但架空李俶、独断专行这样的事情，郭子仪是绝对不会做的。

在安守忠、李归仁等人逃离长安之后，剩下的叛军自然无心恋战，纷纷作鸟兽散。长安之战结束后的第二天，唐军兵不血刃进入长安城，此时距离长安沦陷已经过去了一年多，长安百姓夹道欢迎，很多人喜极而泣，说道："不图今日复见官军！"看着长安欢呼的百姓，李俶突然想起了一件极为重要的事情——之前

和回纥的约定怎么办？难不成真的要让回纥人带走长安所有的
财富？

李俶既不愿意长安百姓在大战之后再遭涂炭，又不愿意得
罪回纥人，他实在是想不出办法，只能找郭子仪咨询意见。郭
子仪其实也为此事苦恼不已，见到李俶之后，郭子仪无奈地说：
"这个约定是陛下做出的，君子一言驷马难追，何况是皇帝呢？
如果不履行约定，触怒回纥人事小，让外人觉得大唐皇帝出尔反
尔、言而无信，这危害可就大了，所以想要不履行约定，看来是
不行的。但是如果眼下让回纥人大掠长安，朝廷必然会大失人
心，今后想要再收复中原，那难度可就大了！所以为今之计，也
就只有拖了，殿下能拖一天是一天，争取拖到大局已定之时，希
望到时候能有办法。届时即使允许回纥人抢掠，也不会对战局有
太大影响。"

于是当叶护要求李俶履行约定，允许回纥人大掠长安之时，
李俶来到叶护马前俯首而拜，说道："今始得西京，若遽俘掠，
则东京之人皆为贼固守，不可复取矣，愿至东京乃如约。"看到
贵为广平王的李俶如此放低姿态，叶护被震惊了，他慌忙下马跪
在地上，捧握着李俶的脚（这是回纥人对于尊贵者的礼仪）说
道："当为殿下径往东京。"随后叶护下令所有回纥人一律不得
进城，李俶命令仆固怀恩带着西域和回纥的兵马到浐水之东扎
营，远离长安城，防止有人进城抢掠。

李俶为长安百姓所做的一切传开之后，长安百姓大为感动，
他们看到李俶之后纷纷在路旁跪拜哭泣道："广平王真华、夷之

主！"皇上听闻，高兴地说："朕不及也！"李俶明白，自己之所以能够有今日之功，主要都是郭子仪的功劳，郭子仪不但军事能力出众，更重要的是他为人低调，胜不骄败不馁，虽然大权在握，但对自己极为恭敬，能够有这样的人辅佐，自己真的是三生有幸。此时李俶已经在心里暗下决定，如果自己将来能够即位为帝，一定要厚待郭子仪！

第四节 再复洛阳

占领长安之后，虽然唐军经过大战非常疲惫，但是郭子仪并不愿意多做停留，他下令全军休息三天，然后继续进攻。经过短暂休整之后，郭子仪率军继续追击叛军，先后攻克华阴和弘农，斩首五千余人，叛军慌不择路，唐军乘胜攻克潼关，打开了进军中原的门户。

由于唐军的进攻速度实在太快，叛军一路上都没有形成有效的防御，一直到了陕州，叛军在将领张通儒的指挥下，才算是建立起了有组织的防御。陕州北面是黄河，南面是秦岭余脉，与潼关遥相呼应，是陕西与河南之间的重要交通节点。陕州对于唐军来讲也是一个伤心地，一年多以前哥舒翰率领的二十万大军，正是在陕州遭到了毁灭性打击，导致战局急转直下。张通儒想在这里阻挡住唐军前进的步伐，保卫东都洛阳。

听闻张通儒正在率军守卫陕州，坐镇洛阳的安庆绪也意识到了陕州的重要性，陕州一旦失守，洛阳势必难保。于是安庆绪调集了在洛阳的全部叛军主力，交由权臣严庄率领前去增援陕州。严庄率军到达陕州与张通儒会合之后，这里的叛军总数达到十五万人，兵力与唐军相当，唐军想要攻克陕州，势必要经历一场恶战。

757年十月十五日，郭子仪率军对陕州发起了进攻。在陕州以西有一个叫新店的小地方，这里是双方战线的交汇点。在新店的南北各有一道山岭，郭子仪把唐军分为两个部分，郭子仪率领唐军主力部队向北山一带搜索前进，回纥骑兵则沿着南山前进，唐军在陕州的崇山峻岭之间搜寻着叛军的踪迹，谨防叛军埋伏。

正所谓无巧不成书，张通儒把自己的主力部队也埋伏在北山一带，准备打唐军一个措手不及，结果两军主力部队在北山狭路相逢，一场激战瞬间爆发。虽然郭子仪已经命令部队严密搜索，严防敌人的埋伏，但是突然遭遇叛军主力部队，依然让唐军士兵猝不及防。叛军多驻扎在山上，他们凭借着地形的优势，由高处俯冲而下，唐军明显处于不利地位，所以战斗刚开始不久，唐军就出现失败的迹象，阵型开始后退。

张通儒看到唐军显现出败迹，大喜过望，立刻派出三千人绕到唐军后方，试图截断唐军的退路，进而将其围歼。听闻后方遭到袭击，唐军士兵更加慌乱，眼瞅着一场大败不可避免，危急时刻郭子仪立刻传令回纥骑兵救援。听闻郭子仪陷入危局，叶护立刻率军飞马来援，他首先率军进攻袭击唐军后路的三千名叛军，这些人根本不是回纥骑兵的对手，很快便被全部歼灭。解除了来自后方的威胁之后，叶护也来了个以彼之道还施彼身，他充分发挥了回纥骑兵高度的机动性，率部绕到叛军主力部队的后方，偷袭叛军。

正面战场上的叛军正在奋力冲杀，眼瞅着一场胜利就要到手了，此时在漫天的黄色烟尘之中，突然有十几支箭从后方射出，紧接着一支装束奇特的骑兵突然从烟尘当中杀出，他们用一种没有人能听懂的语言呼喊着，紧接着马刀飞舞，无数叛军士兵很快就被斩于马下！这支骇人的部队激起了叛军士兵内心深处的记忆，他们立刻想起来，这支部队应该就是传说中的回纥骑兵！叛军士兵惊恐地呼喊着："回纥人来了！"随后纷纷四散奔逃。

在郭子仪和叶护的两面夹击之下，叛军很快就全线崩溃，唐军乘胜追击，一直追出去五十余里，斩获无数，沿途的道路旁边铺满了叛军士兵的尸体。严庄和张通儒带领着叛军残部一路向东逃去，因为逃跑的过程过于狼狈，他们连陕州城都没来得及进，就直接逃往了洛阳。就这样唐军攻占了洛阳的最后一道屏障——陕州，李俶和郭子仪率军进入陕州城，郭子仪命令仆固怀恩率军继续追击叛军。

十月十六日，逃到洛阳的严庄告诉了安庆绪陕州之战大败的消息，听到这一消息的安庆绪呆若木鸡：完了！全完了！自己在陕州集结了几乎全部主力，结果没想到仅仅一天的时间就全军覆没！严庄赶紧问安庆绪下来该怎么办，对于这个问题几乎不需要安庆绪犹豫，因为眼下他只有一条路：逃跑！主力已经覆灭，洛阳还守得住吗？当天晚上，安庆绪收拾人马离开洛阳，向河北地区逃窜，在临走前安庆绪下令将之前俘虏的唐军将领哥舒翰、程千里等三十余人全部杀害。

十月十八日，李俶和郭子仪率军兵不血刃进入洛阳。至此，唐军仅用一个多月的时间就收复两京，战事之顺利超出了所有人的预料，但是两个人根本高兴不起来，因为有一个很棘手的问题摆在他们面前：回纥人的赏赐怎么办？当初攻下长安的时候，李俶使用了缓兵之计，答应打下洛阳之后任由回纥人抢掠，现在收复洛阳了，难不成真的让回纥人在洛阳为所欲为吗？

平心而论，李俶和郭子仪肯定是不愿意让回纥人抢掠洛阳的，战争远未结束，绝对不能失天下人心。但是回纥人也不是那么好打发的，如果不给他们一点实际的好处，他们绝对不可能善罢甘休。最终郭子仪想出了一个主意：他命令属下私下将此事告诉洛阳城内的民众，并告诉他们，如果想免去这场灾难，就尽可能多地筹集财物交给回纥人，以期望回纥人能够满足。

听闻此事之后，洛阳民众表现出了极高的积极性，很短时间内他们就筹集到了罗锦一万余匹。罗锦是一种精美的丝绸，当时丝绸是唐朝输往国外最重要的商品之一，在欧洲国家非常受欢迎。但是随着安史之乱的爆发，盛产丝绸的江南地区与西北地区的陆上交通大受影响，经由丝绸之路输往西方的丝绸数量锐减，国际市场上丝绸的价格也因此水涨船高。因此当时一万匹罗锦是一笔非常大的财富，在收到这些罗锦之后，叶护和回纥士兵都非常高兴。叶护明白如果真的抢掠洛阳，势必会遭到洛阳人民的反抗，到时候又要承受不必要的伤亡，而且会与唐朝生出新的矛盾，既然洛阳人现在已经献出了这笔巨财，何不见好就收呢？于是叶护下令回纥士兵不得抢掠，洛阳人民这才免除了一场灾难。

在收复洛阳之后，郭子仪派遣左兵马使张用济、右武锋使浑释之率军取河阳及河内，此时前方传来消息：严庄想要投降。

严庄并没有盲目跟随安庆绪逃跑，因为他意识到安庆绪的败亡只是时间问题，他不想给安庆绪陪葬。经过长安之战和陕州之战，安庆绪不仅接连丢掉两京，更重要的是损失了二十多万人马，这可是安庆绪的大半主力部队。现在除了在河北的史思明尚且部众完整之外，安庆绪已经没有力量再和唐军抗衡了，然而在安庆绪接连大败之后，史思明还会不会保持对安庆绪的忠心呢？这谁都不敢保证。思虑再三，严庄最终做出了决定：投降唐军。

听闻严庄要投降，李俶和郭子仪都大呼意外，他们没想到作为叛军的最核心人物之一，严庄竟然会投降！在再三确认了消息的真实性之后，李俶和郭子仪不得不认真考虑应该如何处理严庄。李俶年轻气盛，他对于严庄毫无好感，说道："严庄是安禄山最重要的谋士，他跟随安禄山造反，这是对国家不忠。安禄山对其信赖有加，结果他却亲手杀死安禄山，这是对主人不忠。于公于私，严庄都是个毫无忠义之心的小人，这样的人留着有什么用？不如直接斩首以慰苍生！"

听李俶说完，郭子仪摇摇头，说道："和广平王一样，我也对严庄此人全无好感，但是眼下此人还有些用处，杀不得。"

李俶问道："郭将军何出此言？"

郭子仪说道："原因有二。首先，严庄是叛军头目之一，此事天下皆知，如果我们能够饶严庄不死，那就等于向所有叛军宣示一件事情，我大唐连祸首严庄都能够赦免，那么其他任何人只要是投降朝廷，朝廷一定会加以宽宥，这对于今后的战局大有裨益。其次，严庄此人地位非同一般，所以即使要杀他，这个决定也应该由陛下来做，广平王应该先将此事禀报陛下，交由陛下定夺，以此彰显广平王对于陛下的尊敬，我等万不可自作主张。"

听完郭子仪的话，李俶恍然大悟，而且对郭子仪更加钦佩。他立刻将此事禀告唐肃宗，并将郭子仪的建议也一同禀告。唐肃宗听从了郭子仪的建议，不但没有杀严庄，还任命严庄为司农卿。司农卿是从三品的高官，主要负责管理国家的农耕、仓储等事务，给予严庄如此优待，足见唐肃宗想以严庄为典型，吸引更多叛军投降。

757年十一月，李俶和郭子仪返回长安，唐肃宗亲自来到灞上迎接两人凯旋。他做梦也没有想到，郭子仪竟然能够在短短一个多月的时间里收复两京，消灭叛军二十余万大军，试问普天之下，还有谁能做到？看到郭子仪之后，唐肃宗喜不自胜，他激动地说道："虽吾之家国，实由卿再造！"听到皇帝如此夸奖，郭子仪诚惶诚恐，立即俯首道："此乃皇恩浩荡，天威所向，又有广平王英明神武，将士们万众一心，郭子仪怎敢贪此天功！"随后唐肃宗下令，加封郭子仪司徒、代国公，其余官职如故，加食邑一千户。郭子仪早就已经贵为宰相，此时的郭子仪不管是职务还是爵位，都已经封无可封，达到了人臣的最高点。

所谓的"食邑"，指的是受封的人可以享受其封户的所有赋税收入，"食邑一千户"指的就是这一千户人所缴纳的财赋全部都归郭子仪一人享有，这是一笔实实在在能拿到手的钱财，同时封户的多少也可以反映一个人地位的高低。那么"食邑一千户"是一个什么概念呢？唐太宗时期的名将李勣最终的食邑数量是一千一百户，由此可见在唐肃宗的心里，郭子仪的战功已经可以和李勣相提并论了。

至此，除了没有封王之外，郭子仪几乎获得了作为一个大臣所能获得的全部荣耀，成为当时的大唐第一名臣！

随着两京的相继收复，郭子仪平定安史之乱的第一阶段战事宣告结束。客观来讲，郭子仪的表现比起韩信、白起、李靖等将领，确实算不上出色：在这一年里，郭子仪虽然取得了长安之战和陕州之战的胜利，但是也有过潼关和清渠两场大战的失败。即使在取得胜利的两场战役中，郭子仪率领的唐军中军主力也在开战之初被叛军击败，最终长安之战取胜靠的是李嗣业的决死反击，陕州之战取胜靠的是回纥骑兵的出奇制胜。

诚然，以上这些都是历史事实，没有人能够否认，但是我们认为即便如此，郭子仪依然无愧于一代名将的称号，主要是因为郭子仪的失败其实有客观原因。郭子仪所率领的军队构成非常复杂，既有来自朔方、关中、陇右、河西、安西、西域等地的唐军部队，也有来自周边国家和民族的外来援军。这些部队作战风格完全不同，甚至语言都不一样，要把这些部队整合在一起是非常困难的，而又没有给予郭子仪足够的时间，所以郭子仪是带着这些部队仓促上阵的，很难充分发挥他们的战斗力。

反攻初期遭遇的敌人总是最强大的，因为此时敌人的实力和士气处于鼎盛时期，所以此时的反攻最困难、伤亡最大。关中地区是唐军最先开始反攻的战场，所以遭遇的叛军格外强大。长安和陕州两战叛军数量都超过十万人，叛军不仅数量多，战斗力也很强，在清渠之战中安守忠能够以九千精锐骑兵大败唐军就是明证。此外，安守忠、李归仁等人皆是一代名将，指挥能力都很强。

两相比较之下，唐军遭遇一些失利也在所难免。但是在这种情况下，郭子仪始终愈挫愈奋、屡败屡战。在757年开年之初，郭子仪先后遭到潼关和清渠两场大败，唐军损失惨重，郭子仪也遭丧子之痛，这对于任何一个人来讲都是一个巨大的打击。但是郭子仪依然愈挫愈奋、屡败屡战，最终没有辜负朝廷和万民的期望，取得了辉煌的胜利，这种精神是古今名将必备的优良品质，也是值得后世万古追求的核心所在。

第四章
坎坷战局：欲渡黄河冰塞川

第一节　九节度使出征

安庆绪屡战屡败，连失两京，在叛军内部造成了巨大的震动，看到严庄降唐后依然受到重用，另一个人也心动了，这个人就是史思明。

安禄山死后，史思明被安庆绪封为妫川郡王、范阳节度使，镇守叛军的大本营范阳。安禄山从长安和洛阳所掠珍宝，多半都运往范阳存放，所以范阳的财物堆积如山，史思明渐渐地恃富而骄。两京丢失后，史思明部已经成了叛军唯一一支完整的作战力量，手握强兵和巨财，史思明的野心逐渐膨胀，他想将范阳据为己有，自立为王，不愿再受安庆绪节制。

安庆绪放弃洛阳，逃往邺城后，叛军内部一片大乱，大将李归仁借机率曳落河、同罗、六州胡等部精兵数万人逃往范阳，途中大肆抄掠。史思明一面重兵防备，一面派使者招抚，李归仁遂率曳落河、六州胡等部归附史思明。同罗部不服，史思明发兵将其击败，斩杀三千余人，迫使其降服。由此史思明实力大增。

见史思明兵势日渐强盛，安庆绪十分忧虑，遂派遣阿史那承庆、安守忠前往河北诸郡征集兵马，并密谋除掉史思明。阿史那承庆和安守忠都是叛军名将，史思明不敢大意，急忙召集谋士商量如何应对。范阳节度判官耿仁智趁机进言道："大夫久事禄山，禄山兵权若此，谁敢不服！如大夫比者，逼于凶威耳，固亦无罪。今闻孝感皇帝聪明勇智，有少康、周宣之略。大夫发使输诚，必开怀见纳，此转祸为福之上策也。"他是在为史思明开脱：之所以侍奉安禄山，只是因为当时安禄山权势滔天，不得不服从，这实属无奈，所以情有可原。现在皇帝宽宏大量，如果史思明能够诚心归降，相信皇帝一定会厚待，这才是上策。

自从唐军收复两京之后，史思明就已经有了投降的心思，因为他明白此次造反实际上已经不可能成功了。现在自己手握强军，这是自己最大的谈判筹码，自己一旦投降，皇帝肯定大喜过望，到时候自己要什么，朝廷就得给什么。严庄孤家寡人投降，朝廷尚且任命他为司农卿，自己若是归降，朝廷还不得封自己为王吗？当一个富贵王爷，岂不远胜于当乱臣贼子？听了耿仁智的话后，史思明更加坚定了投降的念头，他决定先解决掉阿史那承庆和安守忠，随后就投降朝廷。

阿史那承庆和安守忠以五千精骑护卫，来到范阳，史思明热情迎接。史思明引着阿史那承庆等人到内厅中饮宴，同时秘密派人收缴了阿史那承庆部下的盔甲武器，对这些士卒，愿意留下的就留下，不愿意留下的就给钱粮，就地遣散。第二天阿史那承庆和安守忠醒来之后，发现自己已经成了孤家寡人，只得束手就擒，当了史思明的俘虏。

在解决了阿史那承庆和安守忠之后，史思明派自己的将领窦子昂带上降表，以所辖十三郡及八万兵士，号称十三万人，归降朝廷。757年十二月，窦子昂到达长安，将降表献给唐肃宗。唐肃宗大喜过望，立即下令封史思明为归义王、范阳节度使，并将史思明的七个儿子全部封了官。之后，唐肃宗又派乌承恩和宦官李思敬前去安抚史思明，命他率部讨伐安庆绪。

史思明降唐之后，派兵控制了常山和井陉关，帮助唐军打通了从太原到河北的道路，随后派乌承恩传谕河北各郡。河北地区大燕政权控制的各个州郡，在听说史思明投降之后，纷纷归顺唐朝。在完成这些工作之后，史思明就按兵不动了，无视唐肃宗让他讨伐安庆绪的命令。因为史思明也明白鸟尽弓藏、兔死狗烹的道理，他担心如果自己亲手消灭了安庆绪，那么下一个被消灭的恐怕就是自己了，还是保存实力为好。如果朝廷有能力，就自己去消灭安庆绪好了。

虽然史思明没有继续南下，但是他的投降，依然让安庆绪陷入了极端困难的境地。

当安庆绪由洛阳逃到邺城的时候，随从已经差不多逃光了，只剩下疲惫不堪的步兵一千、骑兵三百，将领也只剩下了张通儒、崔乾祐等极少数人。就在这极端困苦的时刻，又传来了史思明降唐的消息，此时安庆绪内心的震惊和绝望可想而知。不过让安庆绪感到宽慰的是，此时依然有很多将领忠于自己，驻守上党的蔡希德、驻守颍川的田承嗣、驻守南阳的武令珣，纷纷率部投奔安庆绪，再加上安庆绪紧急招募了大量新兵，安庆绪的部队又恢复到了六万人，声势复振。

虽然安庆绪的部队有所恢复，但是此时他的地盘只剩下了今河北、河南、山东三省交界的地区，实力大为削弱。此时是唐朝平叛最接近成功的机会，只要唐肃宗部署得当，安史之乱完全有可能在758年就宣告结束。但是此后朝廷昏招迭出，最终逼反了史思明，痛失消灭史思明的大好机会，导致安史之乱又持续了五年多。

在史思明投降后，李光弼不断提醒唐肃宗，史思明终究会再次反叛，所以必须采取措施加以防范，最好是能够将史思明杀掉，永绝后患。758年六月，在李光弼的建议之下，唐肃宗先后做了三件事：任命乌承恩为范阳节度副使；赐予阿史那承庆铁券；秘密命令这两人找机会诛杀史思明。

接到命令后，乌承恩用私财招募士兵，同时不断到各营诱说将士，劝说他们背叛史思明，诸将向史思明告发此事。乌承恩早年和史思明交情深厚，所以史思明并不相信乌承恩会背叛自己，但是为了以防万一，史思明依然派人秘密调查。他暗中派人埋伏在乌承恩床下，探听消息。一天夜里，乌承恩悄声对他的儿子说："吾受命除此逆胡，当以吾为节度使。"

听闻此事后，史思明立即逮捕了乌承恩，并搜出了朝廷给乌承恩的公文，铁证如山之下，史思明对于好友的背叛非常痛心，他斥责乌承恩道："我何负于汝而为此！"乌承恩知道此事是自己理亏，只得唯唯诺诺地说："死罪，此皆李光弼之谋也。"史思明召集部众，向西跪拜后大哭道："臣以十三万众降朝廷，何负陛下，而欲杀臣！"随后将乌承恩等人杀死。史思明上表朝廷抗议，肃宗派宦官安慰史思明说："此非朝廷与光弼之意，皆承恩所为，杀之甚善。"

由于史思明的实力弱于朝廷，所以史思明并没有立刻起兵反叛，但是经过此事，史思明和朝廷之间原本微弱的信任再也不复存在，史思明的再次反叛很快就会发生。

虽然李光弼在平定安史之乱的过程中厥功甚伟，但是此时他建议唐肃宗除掉史思明的计策，是一个完完全全的昏招。诚然，史思明是很有可能再次反叛的，但是史思明好不容易归降了朝廷，朝廷应该各个击破，先借此机会先除掉安庆绪，然后再考虑怎么对付史思明。结果李光弼急于下手，最终功亏一篑，导致史思明反心骤起，形势骤然紧张。

更重要的是，此事让朝廷在道义上处于不利地位。朝廷想要对新降服的史思明痛下杀手，并且还是用挑拨离间的方式，这种做法实在是过于卑鄙，放不到台面上，非常不利于团结投降的叛军，也有损朝廷的形象。史思明以受害者的身份，哭诉朝廷对自己的不公，引得其麾下人人愤怒，这对于其士气是巨大的提升。

从757年十一月到758年六月的这半年多，虽然双方争斗不断，但是并没有出现大规模战事，战场上出现了难得的平静。此时的郭子仪正在利用这段难得的平静，抓紧时机厉兵秣马，准备下一次大战。

757年十二月，郭子仪奉命返回洛阳，准备经略河北，在这里郭子仪一待就是半年多，直到758年七月才返回长安。为什么郭子仪在这段时间不继续发动进攻呢？主要原因有以下两点：

第一，财政的困境。在757年一年的战争中，朝廷先后调集数十万大军参战，军费开支极大。此时虽然收复了洛阳，但是通过中原与江淮地区取得联系的交通线并没有完全打通，江淮地区的财富、粮食想要运到关中依然非常困难，所以朝廷窘迫的财政困境并没有得到根本改善。因此在攒够下一次进攻的军费之前，郭子仪也是巧妇难为无米之炊。

第二，士兵亟须训练。收复两京期间的一系列战役证明了，唐军的单兵作战素养远低于叛军，所以即使双方兵力数量相当，唐军的战斗力也处于下风。此时回纥骑兵等外族军队相继返回，不再继续协助唐军作战，这就使得郭子仪又失去了一支强悍的力量，唐军战斗力不足的情况更加严重。所以郭子仪必须抓紧时间训练士兵，尽可能弥补双方战斗力的差距。

758年九月，经过大半年的准备，唐肃宗终于有了足够的士兵和后勤辎重，他觉得已经可以发起大规模进攻了。为了能够毕其功于一役，彻底结束叛乱，唐肃宗集结了几乎所有部队，共计二十余万人，分别由九名节度使统领，讨伐安庆绪。这九名节度使分别是朔方节度使郭子仪、淮西节度使鲁炅、兴平节度使李奂、滑濮节度使许叔冀、镇西北庭节度使李嗣业、郑蔡节度使季广琛、河南节度使崔光远、河东节度使李光弼、关内泽潞节度使王思礼。

不过战争还没有开始，唐肃宗就犯了一个巨大的错误。九名节度使，从职务上看他们是并列的，这就产生了一个问题：由谁来指挥呢？按照正常的逻辑，让郭子仪担任指挥官最为合适，因为不管是年龄、资历，还是官职、战功，郭子仪在当时都是当仁不让的第一位。但是唐肃宗觉得李光弼的战功不比郭子仪差多少，两人很难互相隶属，让谁当指挥官都不合适，史书记载："帝以子仪、光弼俱是元勋，难相统属，故不立元帅。"思虑再三，唐肃宗决定"空降"一个人，来统领全军，这个人就是宦官鱼朝恩。

鱼朝恩，生于公元722年，入宫后不久就侍奉当时还是太子的唐肃宗李亨，深受唐肃宗信任。所以唐肃宗任命鱼朝恩为观军容宣慰处置使，负责监领九个节度使及其率领的数十万大军。唐肃宗的这个决定实在是昏聩到了极点，鱼朝恩此时才三十七岁，不管是年龄还是资历，都镇不住这九名节度使，此外鱼朝恩也没有任何的军事经验，实在是不适合担任这九路大军的总指挥。所以当这个消息传到各军的时候，所有将士无不惊愕，这简直是在拿将士的性命开玩笑。尤其是郭子仪部的将士纷纷为郭子仪鸣不平，质问皇帝为什么不让郭子仪总领各军。

听闻皇帝任命鱼朝恩担任总指挥官，郭子仪起初也觉得惊愕，但是仔细想想也能想得通。皇帝是真的觉得他和李光弼战功相当，难以互相统属吗？没有这么简单。此战如果顺利，那么基本就可以宣告平叛战争接近尾声，届时这份巨大的战功必然会归自己所有，那么皇帝要怎么封赏他呢？自己已经位极人臣，封无可封，难不成到时候皇帝真的要封自己为王吗？虽然自己已经六十多岁了，看起来对朝廷不会有什么威胁，但是有司马懿七十岁发动高平陵之变的先例在，皇帝对自己是不可能完全放心的，所以这份不世之功注定和自己无缘。

想到这里，郭子仪并不觉得有什么，如果皇帝真的封自己为王，自己反倒不敢接受，自古以来异姓王有几个人有好下场呢？

那皇帝为什么不让皇子来统领各军呢？其实原因也很简单。之前担任天下兵马元帅、收复两京的广平王李俶，已经在758年五月被立为皇太子，作为国之储君，自然不可能轻动，其他的皇子也没有合适的人选。为了保证自己掌控战争进程，控制参战军队，皇帝派遣一位亲信宦官统领各军，也就不奇怪了。

虽然郭子仪能够想明白皇帝做出这个决定的原因，但是让一个丝毫不懂军事的宦官统军，毕竟是一个巨大的隐患。对于接下来的战局，郭子仪心中充满了担忧。

除此之外，通过唐肃宗此次的决策可以看出，郭子仪和李光弼之间可能已经出现了矛盾。叛乱刚开始的时候，李光弼是经郭子仪的举荐才有机会在沙场建功，并且他在很长时间里都在郭子仪麾下效力。虽然李光弼战功卓著，但是他的战功较之郭子仪收复两京的巨大战功，依然处于下风，所以唐肃宗所谓的"子仪、光弼俱是元勋，难相统属"，不管是在资历还是战功方面，都是说不通的。导致两人"难相统属"的原因，很有可能是李光弼居功自傲，不甘心再居郭子仪之下，强烈要求独当一面，所以唐肃宗才难以定下主帅人选。

战端未开，唐军内部就矛盾重重，危机的种子在最开始就已经埋下了……

第二节　邺城大败

758年十月，九名节度使相继率军出发，兵锋直指安庆绪所在的邺城。郭子仪率领所部兵马从杏园渡过黄河，随后向东到达获嘉。在这里郭子仪遭遇了安庆绪手下的将领安太清，双方大战一场，安太清大败，唐军斩首四千余级，俘虏五百余人。安太清率领残部逃往卫州城，郭子仪率军进围卫州。

此时其他各路唐军也纷纷赶来和郭子仪会合。淮西节度使鲁炅率军自阳武渡过黄河，郑蔡节度使季广琛和河南节度使崔光远率军从酸枣渡过黄河，镇西北庭节度使李嗣业率军从河内东进，以上四名节度使率领各自人马与郭子仪会师于卫州城下。

卫州是邺城的门户，不容有失。听闻以郭子仪为首的五名节度使的人马全部云集于卫州城下，安庆绪不敢怠慢，将全部主力七万人分为上、中、下三军，分别由崔乾祐、安庆绪本人和田承嗣率领，试图解卫州之围。

听闻安庆绪率领大军来援，郭子仪立刻进行了作战部署。他挑选了三千名弓弩手埋伏于营垣之内，并嘱咐道："我退，贼必逐我，汝乃登垒，鼓噪而射之。" 两军交战不久，郭子仪假装兵败撤退，安庆绪立刻率军追击，追到营垒之下时，郭子仪埋伏的三千弓弩手立刻登上城垣，万箭齐发，顷刻之间箭如雨下。安庆绪大惊失色，慌忙率军撤退，郭子仪立刻调转马头追击，叛军一溃千里，唐军大获全胜，斩首四万余级，缴获甲胄数十万，俘虏并斩杀了安庆绪的弟弟安庆和，并乘胜攻克卫州。

安庆绪仓皇逃往邺城，郭子仪率军穷追不舍。滑濮节度使许叔冀、平卢兵马使董秦、关内泽潞节度使王思礼、河东兵马使薛兼训相继率军赶到，与郭子仪会合，唐军实力大增。安庆绪不甘心失败，他收集残部，在愁思冈再度与唐军展开大战。叛军新败之师自然不可能是士气正盛的唐军的对手，在郭子仪的率领下，唐军再次大败叛军，斩首三万余级，俘虏千余人。经过两场大败，安庆绪的七万主力部队基本被唐军歼灭，安庆绪只得困守邺城，再也不敢出战。此时李光弼也率军赶到邺城城下，至此九名节度使在邺城会合，共同围困邺城，并分头攻略叛军占据的其他郡县。

安庆绪困守邺城，兵微将寡，城外是唐军数十万人马，城破身死就在旦夕之间。万般无奈之下，安庆绪向史思明求救，他表示只要史思明能够解邺城之围，他愿意把大燕皇位让给史思明。

对于安庆绪的求援，史思明陷入了两难的境地。唇亡齿寒的道理他很清楚，如果安庆绪被唐军消灭了，那么下一个死的就肯定是他自己，所以安庆绪不能不救。但是郭子仪作为一代名将，不可能对于自己的增援毫无防范，此刻唐军数十万大军云集于邺城之下，自己在兵力上处于完全的劣势，现在如果贸然和唐军决战，自己根本没有多少胜算，当年嘉山之战惨败于郭子仪的惨痛经历，此刻依然刻骨铭心。

不能不救，但是救的话危险性太大，那怎么办呢？史思明陷入了沉思。经过彻夜思考，史思明终于想出了计策，他觉得自己这次有机会击败郭子仪，一雪嘉山之耻了，史思明的嘴角不禁露出了一丝微笑……

758年十一月，史思明派部将李归仁率一万兵马驻于滏阳，与邺城遥为声援，观望形势。李归仁派人将消息传到邺城，说自己所率的一万人马只是先锋，史思明率领大军随后就来救援邺城，安庆绪知道这一消息后大喜过望，邺城守军顿时人心大安。因为李归仁实力弱小，所以唐军并不在意李归仁的到来，只是继续围攻邺城。

十二月，史思明率领大军突然南下，向唐军占据的魏州发动进攻。魏州守将崔光远初到城中，轻信叛军谣言，处死骁将李处崟，导致唐军军心尽失。十二月二十九日，史思明攻陷魏州，杀死城中军民三万余人。魏州距离邺城只有两百里左右，邺城守军听说史思明大军已经到达魏州，士气更盛，安庆绪率军拼死防御，郭子仪、李光弼等人虽然指挥军队奋力攻城，但是始终一无所获。

759年正月初一，史思明在魏州城北设坛祭天，自称大圣燕王。由于急于称王，史思明实际上给了唐军可乘之机，此时唐军应该先击败史思明，只要消灭了史思明，那么邺城守军士气必然崩溃，再攻打邺城就轻而易举了。李光弼向鱼朝恩建议："思明得**魏州**而按兵不进，此欲使我懈惰，而以精锐掩吾不备也。请与朔方军同逼**魏城**，求与之战。彼惩嘉山之败，必不敢轻出。得旷日引久，则邺城必拔矣。庆绪已死，彼则无辞以用其众也。"意思就是，史思明在**魏州**按兵不动，就是想等我军因攻城而疲惫不堪之时，趁机率领精锐发动偷袭。我请求率军向史思明发动进攻，史思明鉴于嘉山之败的教训，必定不敢轻易出战，这样我们就有时间收复邺城了。等消灭了安庆绪，史思明就好对付了。

李光弼的建议完全符合当时战场的实际，但是承担监军职能的鱼朝恩根本不懂军事，他毫不犹豫地拒绝了这一建议，只是严令各路唐军继续围攻邺城。

郭子仪、李光弼等人只得率军继续围攻邺城。郭子仪命令唐军在邺城城外修筑了两道城墙，挖掘了三道壕沟，建造了高大的攻城塔，昼夜不停猛攻邺城。郭子仪还命人引漳河之水灌入邺城城内，邺城城内地下水位猛涨，大大小小的水井和泉眼都向外不停地冒水，邺城成为一片泽国，城墙也因水的浸泡而不断损坏。

在唐军如此猛烈的进攻之下，坚守了数月的邺城城内粮草俱尽，一只老鼠可以卖到四千钱，城内甚至开始人相食。守军没有东西喂马，当时居民修筑房屋的时候会将麦草混在泥土里制作土坯，守军就将这些麦草淘洗出来喂马。城内有人想出来投降，可是城内城外都是一片泽国，他们根本出不来，只得困守城中。但是即便局面已经如此艰难，安庆绪依然死战不降，因为他心里很清楚，顽抗下去还有一线生机，一旦投降了，朝廷绝对不会饶了自己！他唯一的希望就是史思明能够赶紧来救自己。

就这样，唐军对邺城的围攻持续到了二月底，但是在这么长的时间里始终没有进攻近在咫尺的史思明。鱼朝恩意识不到进攻史思明的重要性，九名节度使各自为战，他们每个人的实力也不够单独挑战史思明，唐军就这么放任史思明在魏州坐山观虎斗。

759年二月底，史思明终于开始行动了，不过他并没有贸然对唐军发动进攻。史思明命令手下诸将在距离邺城五十里的地方分散扎营，每支部队携带三百面鼓，日夜敲击震慑唐军。同时每支部队派出五百名精锐骑兵，每天都到唐军营地附近骚扰，导致唐军根本没法外出樵采运粮，唐军一旦出击，这些部队就立刻逃之夭夭；唐军一旦回营，他们又立刻回来继续骚扰。在史思明的昼夜袭扰之下，唐军士兵疲惫不堪。

同时，史思明还不断袭击唐军的后勤补给线。唐军的粮草大都从江淮地区或者河东地区运来，史思明就让自己的士兵穿上唐军的服装，每当碰到运粮食的部队，就故意刁难他们，责备他们速度太慢，甚至故意杀掉运粮的民夫，他们还偷偷焚毁唐军存放粮草的仓库。官府想捉拿这些人，可是他们穿着唐军的衣服，难以辨识，因此始终抓不到。在史思明的袭扰之下，邺城城下唐军的后勤供应越来越困难，士兵逐渐开始吃不饱饭，士气日益低落。

在得知唐军的处境日益困难之后，史思明明白，自己的机会终于来了！

于是，史思明集结全部兵马，直奔邺城而来。听闻史思明大军前来，唐军各将领无不欢欣鼓舞。在他们看来，史思明的部队只有十万人左右，唐军在数量上占据绝对优势，并且此战唐军属于以逸待劳，自然占据上风。除此之外，在此前的河北大战中，郭子仪、李光弼曾经多次大败史思明，史思明险些丧命，他们在心理上也占据优势。因此在多数唐军将领看来，此战十拿九稳，等击败了史思明，再攻下邺城，就天下太平了！

此时郭子仪却很冷静，他对此战充满了忧虑。

首先，史思明军实力非常强大。此时史思明部是叛军中最强大的一支部队，部众完整，更重要的是朝廷对史思明内部反间计的破产，让史思明全军将士对朝廷充满了愤恨，此时的史思明部上下一心，空前团结。而唐军虽然总兵力非常庞大，但是鱼朝恩缺乏统驭全军的才能，九名节度使各自为战，唐军单兵战斗力较之史思明部也逊色不少，这就使得唐军的战斗力并没有想象中那么强大。

其次，唐军在士气和体能上也处于劣势。虽然看起来唐军是以逸待劳，但是事实恰好相反。唐军对于邺城的围攻已经持续了两三个月，唐军屯兵于坚城之下，战斗旷日持久，再加上物资供给在史思明的骚扰下逐渐匮乏，所以此时唐军士气低落。而史思明军此前已经休整了数月之久，这期间几场小规模战斗都取得了胜利，所以全军士气和体能均处于优势。

虽然郭子仪忧心忡忡，但是他毕竟不是三军主将，并没有战争的决策权，周围其他将领求战心切，鱼朝恩也盼着在自己的统帅下唐军能够取得一场大胜，这一狂热的局面完全不是郭子仪能够制止的，所以他也只能率领本部兵马一同出战。但是为了防止最坏的结局出现，郭子仪用自己的威望影响了此战的部署。在郭子仪的建议下，此战唐军李光弼、王思礼、许叔冀、鲁炅四人率领本部兵马靠前迎战史思明，郭子仪率军跟在四人的后面，随时准备机动策应，其他人率军继续围攻邺城。

郭子仪之所以做出如此部署，是因为在他看来，李光弼、王思礼、许叔冀、鲁炅四人的兵力大体和史思明部相当，再加上李光弼出色的战场指挥能力，郭子仪相信他们四人应该可以极大地消耗史思明的实力。等双方陷入胶着状态之时，自己就可以率领朔方军给予史思明致命一击。即使前方出现不利局面，郭子仪相信以自己麾下朔方军的实力也可以力挽狂澜。

759年三月初，各路唐军云集于安阳河北岸，号称六十万大军，迎战史思明。史思明亲自率领五万精锐进攻唐军，李光弼等四人迅速按照原计划率军迎战，双方立刻混战在一起。虽然史思明麾下的士兵战斗力很强，但是毕竟只有五万人，在数量上居于劣势，所以双方死伤相当，一时间难分胜负。看到双方陷入胶着状态，郭子仪意识到该自己出手了，他立刻命令麾下的朔方军准备出击，绕道袭击史思明侧背，给予其致命一击。

但是就在此时，谁都没想到的事情发生了：起风了，不是一般的风，而是特别大的沙尘暴！据《资治通鉴》记载，"大风忽起，吹沙拔木，天地昼晦，咫尺不相辨"。

面对这一突发事件，双方都震惊了，两军士兵瞬间军心大乱，因为难以判断战场形势，所以士兵们都担心敌人会趁机偷袭，因而风声鹤唳，纷纷开始向后方溃逃。于是战场上发生了一幕奇景：在没有遭到敌人进攻的情况下，唐军士兵向南溃逃，史思明部士兵也纷纷向北溃散，大量的辎重被随意丢弃。对于前方的崩溃，郭子仪和朔方军士兵毫无准备，面对前方如潮水般涌来的溃军，朔方军的军阵也被冲击得乱七八糟，很多士兵不明真相，也被这些溃兵裹挟向后溃退。眼见局势已经无法收拾，郭子仪只得下令撤退。

但是这一次的溃退绝不是一般意义上的溃退，因为唐军将领们后退的距离实在是有点太远了，九名节度使中的六名眼见部队已经崩溃，直接率领残部返回本镇。这些撤退的士卒在沿途随意抢掠，各地官吏根本无法禁止，混乱的局面持续数日方才停止。只有郭子仪、李光弼、王思礼三人率领的部队没有崩溃，而是能够成建制地向后方撤退，三人率军撤退至黄河沿岸，防止史思明南下攻略河南，随后李光弼、王思礼也相继率军返回本镇。

此战郭子仪率领的朔方军兵力损失不大，但是军备辎重损失非常严重，战马原有一万匹，现在仅存三千匹。郭子仪率军一直撤退到河阳，河阳在黄河南岸，是洛阳附近最重要的黄河渡口，郭子仪准备据守河阳，保卫东都洛阳。但是朔方军士气全无，军营内部经常无故相惊，此时洛阳城内也是一片大乱，洛阳官民受到惊吓，纷纷逃至山中，守卫洛阳的崔圆、尹苏震等官吏弃城而逃。郭子仪实力寡弱，孤立无援，只得率军撤退至缺门山。

到达缺门山之后，郭子仪收拢溃兵，部众恢复至数万人，但是众将士依然人心惶惶，很多人建议郭子仪干脆直接放弃洛阳，退守蒲州和陕州，占据潼关，以保卫关中。听到这话，郭子仪气不打一处来：当初花了那么大代价打下洛阳，今天你们却如此轻易就要放弃，难道不知如果史思明占据洛阳，将会对大唐造成多大的威胁吗？郭子仪刚要发火，担任都虞候的张用济立刻驳斥道："蒲、陕荐饥，不如守河阳，贼至，并力拒之！"蒲州和陕州都是山区，粮草匮乏，几万大军到了那里只能饿肚子，不如守卫河阳，如果敌人敢来，就和他们拼命！听闻张用济所言，郭子仪立刻说道："张将军所言甚是，再有敢言放弃洛阳者，斩！"

随后郭子仪立刻派韩游瑰率领五百名骑兵快马加鞭前往河阳，防止尾随而至的敌人渡过黄河抢占河阳，又命令张用济率军五千紧随韩游瑰之后，前去保卫河阳。张用济派人在黄河两岸分别筑起南北两座城，牢牢占据着河阳渡口。史思明果然派周挚率军进攻河阳，周挚到了黄河北岸之后，看到唐军已经牢牢占据河阳，自己无隙可乘，只得率军悻悻而回。

邺城之战，至此终于宣告结束。这一场惨败，充分说明了两个问题：

第一，唐军自上而下的战斗力之低下，已经到了令人震惊的地步。邺城之战，因为一场狂风，唐军即大败而归，着实令人哭笑不得，与之相对应，我们可以看一下历史上的另一场战役。公元前119年，西汉著名将军卫青率领五万大军远征漠北匈奴，在出塞千余里之后与匈奴单于主力遭遇，双方遂展开激战。激战正酣之时，突然刮起大风，沙石遮天蔽日，两军都无法看见对方，卫青立刻命令汉军左右两翼疾驰向前，包抄匈奴军队的后路。匈奴单于见状立刻率军撤退，汉军乘胜追击，大获全胜。

《孙子兵法·军争篇》有言："故其疾如风，其徐如林，侵掠如火，不动如山，难知如阴，动如雷震。"这是一支优秀部队的标准。同样是突然遭遇沙尘暴，并且还是在敌方境内作战，汉军士兵纪律严明、上下一心、令行禁止，卫青镇定自若、指挥若定、大胆出击，最终收获一场大胜，这与邺城一战唐军的表现形成了鲜明的对比。邺城之战中的唐军，在下，兵无斗志，纪律涣散，战场偶遇小挫即望风而溃；在上，唐军众将各自为战，毫无全局意识，虽有郭子仪殿后，依然是独木难支。唐军战斗力如此之低下，遭遇一场大败，也就丝毫不奇怪了。

第二，唐朝中央对于各节度使已经逐渐失去了掌控力。邺城之败，最令人震惊的不是唐军的溃败，而是在前方失败之后，在没有中央命令的情况下，几名节度使竟然直接率军返回本镇！这种行为是无论如何也说不过去的，必须予以严惩！事后撤军的几名节度使纷纷向唐肃宗上书谢罪，但是唐肃宗根本没有任何的处罚，只是将放弃洛阳的崔圆和苏震象征性地贬官了事。犯下如此大罪却不敢重罚，说明此时唐肃宗对于统兵大将已经无力统驭。

出现这种情况并不奇怪，随着战争初期的一片溃败，唐肃宗退守灵武一隅之地，唐朝中央的权威大大削弱，中央的财政和军力也几近匮乏，已经难以给地方提供有力支援。在这种情况下，仍在抵抗的各地将领只能自行募兵，自行寻找财源，不再依赖中央的支援。长此以往，地方的独立性越来越强，这就埋下了巨大的隐患，最终演变为后来的藩镇之乱。

邺城一战，史思明的部队也发生了溃散，但是较之唐军，史思明部的纪律要好得多，因此史思明很快就整顿好了部队。听闻唐军一溃千里，史思明立刻派兵追击，获得了唐军遗弃的大量辎重，实力更盛。面对强大的史思明，安庆绪根本没有一战之力，只得向史思明上表称臣，并奉上皇帝印玺。对此史思明大度地表示："愿为兄弟之国，更作藩篱之援。鼎足而立，犹或庶几；北面之礼，固不敢受。"他表示与安庆绪当为兄弟，以后要互相帮忙，怎么能有主臣之分呢？

听闻史思明态度如此，安庆绪大喜过望，表示自己要和史思明歃血为盟。于是安庆绪亲自来到史思明军营中，见到史思明后纳头便拜，说道："臣不克荷负，弃失两都，久陷重围，不意大王以太上皇之故，远垂救援，使臣应死复生，摩顶至踵，无以报德。"意思是我指挥无方，导致两京丢失，一败再败，幸好有大王的支援，才让我死里逃生，我真的无以为报！

没想到本来态度非常谦恭的史思明突然变脸，说道："弃失两都，亦何足言。尔为人子，杀父夺其位，天地所不容！吾为太上皇讨贼，岂受尔佞媚乎！" 史思明突然对安庆绪的软肋发难：丢失两京算得了什么，你杀父夺位，天地不容！我今天就要为太上皇报仇！于是史思明下令将安庆绪及其亲信全部斩杀。

史思明所有的谦恭全是假的，从一开始他就没打算让安庆绪活着。

虽然取得了一场大胜，但是史思明心里明白，邺城一战自己的胜利实在是太过于幸运，自己暂时还没有能力主动进攻唐军，于是他派安太清率兵五千攻取怀州，又将儿子史朝义留下镇守相州，自己率兵返回范阳。四月，史思明自称大燕应天皇帝，改元顺天，改范阳为燕京，正式即位称帝。

第三节　小人构陷

　　邺城之败，最大的责任人按说应该是鱼朝恩。他作为全军的统帅，没有发挥任何积极作用，按照律法应该严惩，鱼朝恩自己也非常清楚这一点，于是急于寻找替罪羊，他最终选中了一个人，那就是郭子仪。于是鱼朝恩向唐肃宗进谗言，将邺城兵败的责任全部推给郭子仪，于是759年七月，唐肃宗下令剥夺郭子仪的兵权，并将其召回长安。

　　关于鱼朝恩为什么要陷害郭子仪，《旧唐书》和《新唐书》给出的理由都是一样的，那就是鱼朝恩嫉妒郭子仪的战功。这个理由还是说得通的，因为奸邪小人嫉妒并构陷忠臣良将这类事情，在中国历史上屡见不鲜。但是整件事最让人吃惊的地方是，唐肃宗信了。郭子仪先是在河北屡次击败史思明，后来收复两京，是当之无愧的唐军平叛第一名将，更为难得的是，郭子仪在这个过程中展现出了对皇帝的高度忠诚。当此战局危急之时，正是用人之际，唐肃宗不但不重用郭子仪，反倒将其罢官召回，他就不担心寒天下人心吗？

　　唐肃宗虽然不是什么明君，但是相信这个简单的道理他还是明白的，那么他为什么还要听信小人之言，罢免郭子仪呢？对此我们可以揣测，很有可能当时构陷郭子仪的，绝非鱼朝恩一人。常言道，木秀于林风必摧之，郭子仪功盖天地，位极人臣，肯定引来了无数人的嫉妒，也肯定有很多人想取郭子仪而代之，所以向唐肃宗进谗言的，很有可能大有人在。唐肃宗本来就只是中人之资，所以他顶不住周围人的压力，只能将郭子仪罢免。

罢免郭子仪容易，可是让谁来接任呢？其实唐肃宗并没有多少选择，综合考虑资历、威望和战功，唐肃宗只有一个选择——李光弼。

唐肃宗下诏，命令李光弼接替郭子仪任朔方节度使、天下兵马元帅。李光弼虽然战功卓著，但是他也明白自己是比不上郭子仪的，所以他上书表示自己不敢担任天下兵马元帅，恳求唐肃宗根据传统，派一位皇子担任这一要职。于是唐肃宗任命第二子赵王李係为天下兵马元帅，李光弼担任天下兵马副元帅。

在听闻自己遭遇了这场无妄之灾后，郭子仪是什么反应呢？史书记载是："子仪虽失兵柄，乃思王室，以祸难未平，不遑寝息。"也就是说，即使受了这么大的委屈，郭子仪依然没有任何抱怨，依然在忧国忧民。何为公而忘私？何为国之纯臣？郭子仪可谓实至名归。

郭子仪虽然大度，但是他手底下的朔方军士兵咽不下这口气。几年来朔方军士兵追随郭子仪南征北战，栉风沐雨，他们早已被郭子仪的能力和人品深深打动。听闻皇帝要将郭子仪罢官召回，朔方军士兵全都拦着不让郭子仪走，他们哭着请求传旨的中使不要让郭子仪离开。郭子仪无奈，只好欺骗士兵们，说自己只是去送一下中使，这才趁着士兵不注意，跳上马离开了。

对于能否顺利接管郭子仪统领多年的朔方军，李光弼并没有什么信心，他怕遭到士兵的阻拦，于是他不敢在白天光明正大地进入军营，而是找了一个晚上，在五百名骑兵的护卫之下，悄悄地进入位于洛阳的朔方军军营。李光弼一进入军营，就立刻改变了郭子仪的统兵方法。郭子仪为人宽厚，所以对待手下将士也非常和善宽容，只对将士们做一些纲目性的要求，并不在意细节。而李光弼治军非常严苛，军营内部事无巨细，全部都要听从他的号令，如果有人胆敢违反，李光弼立刻对其处以重罚。朔方军士兵畏惧李光弼的军威，全都敢怒不敢言，但是他们内心都充满了抱怨。

有怨言的不只是朔方军的士兵，将领们也是。驻守河阳的张用济听说了李光弼夜间偷入军营的事情后，对李光弼的行为非常鄙视，他说道："朔方，非叛军也，乘夜而入，何见疑之甚邪！"很多受制于李光弼的将领纷纷建议张用济干脆率领精锐偷袭洛阳，驱逐李光弼，迎回郭子仪，众多士兵纷纷披甲上马，就等着张用济的命令。

见此情景，仆固怀恩急忙劝说道："邺城之溃，郭公先去，朝廷责帅，故罢其兵柄。今逐李公而强请之，违拒朝命，是反也，其可乎！"仆固怀恩告诉张用济，这种行为无异于兵变。今天我们如果驱逐了李光弼，那么郭子仪造反的罪名就坐实了，我们非但帮不了郭子仪，反而会害了他！张用济觉得仆固怀恩的话有道理，于是就命令手下罢手。

此时李光弼传唤张用济，张用济思虑再三，决定单骑前去拜见李光弼，结果李光弼却带着上千人前去迎接张用济。见到张用济之后，李光弼便指责张用济没有按时到达，随后不听张用济争辩，便直接将张用济斩首，把河阳守将换成了自己的心腹辛京杲。

随后李光弼又召见仆固怀恩。听到这一命令，仆固怀恩左右为难，如果去的话，有可能落得和张用济一样的下场；如果不去，李光弼也肯定会以抗命的罪名处罚自己。思虑再三，仆固怀恩心生一计。他来到李光弼的大营，刚刚坐下，立刻有人前来禀告李光弼，说有五百名蕃人骑兵气势汹汹地来了，李光弼听闻，吓得立刻脸色大变。仆固怀恩出去对这些蕃人说："叫你们别来，你们为什么不听？"李光弼急忙劝说道："士卒跟随将军，哪有什么错？"于是在这五百名骑兵的武装监视之下，仆固怀恩最终安全离开了李光弼的军营。

李光弼接管朔方军后，严肃军纪，以自己的方式治军，这无可厚非。但是李光弼为了立威，杀死立有大功的张用济，自毁长城，将个人利益凌驾于国家利益之上，李光弼的人品较之郭子仪，差若天渊。

在返回长安之后，唐肃宗并没有给郭子仪新的任命，郭子仪只得无所事事地在宅子里消磨时光。前方战事紧急，自己却在后方有力使不出，郭子仪的内心充满了无奈。此时的郭子仪只能通过阅读前方传来的各种奏报，来了解前方形势的发展，闲暇之时读书自娱。

一日，郭子仪读到了《史记·淮阴侯列传》，虽然他已经不是第一次读了，但是他仍然将韩信的故事仔仔细细地又看了一遍。楚汉之争中，韩信被刘邦封为齐王，但是他功高震主，所以刘邦称帝后削去了韩信的兵权，并将其贬为淮阴侯。韩信由此日益怨恼愤恨，在家中闷闷不乐。

后来，陈豨被任命为代国丞相，他去向韩信辞行。韩信对他说："子可与言乎？欲与子有言也。"陈豨说："将军但说无妨。"韩信说："公之所居，天下精兵处也；而公，陛下之信幸臣也。人言公之畔，陛下必不信；再至，陛下乃疑矣；三至，必怒而自将。吾为公从中起，天下可图也。"意思就是，你管辖的地方，是天下精兵所在，虽然现在陛下很信任你，但是如果流言蜚语多了，陛下肯定会起疑。所以不如我们找机会里应外合，就有机会夺取天下。陈豨听后深以为然。

公元前197年，陈豨果然反叛，刘邦亲自率领兵马前往平叛，韩信托病没有随从，并在长安积蓄力量，准备袭击留守长安的吕后。吕后闻讯后，和萧何合谋，派人假称从刘邦那里回来，说陈豨已被俘获处死，列侯、群臣都要来祝贺。韩信被骗入宫后，吕后将其斩杀。

读完韩信的故事之后，郭子仪长叹一声：同样是功高震主，同样是被削夺兵权、赋闲在家，自己现在的处境与当年的韩信何其相似。韩信当年怏怏不乐，不甘久居人下，意图谋反，最终死于妇人之手，可谓咎由自取，怨不得旁人。以史为鉴，郭子仪不禁惊出一身冷汗。自己如果想善终，那么就不能对现在的处境有抱怨，更不能有谋反之心。于是郭子仪严令自己的所有亲属和仆人，必须保持低调、恭敬，绝对不能有半句怨言，越是这个时候越是要谦恭谨慎。

不过与当年的韩信有所不同，现在天下大乱，正是用人之际，自己对于陛下还是有很大用处的，所以在叛乱被平定之前，自己应该是安全的。那等到叛乱被平定之后呢？陛下会不会对自己痛下杀手呢？

想到这里，郭子仪的内心充满了怅惘，此刻他似乎明白了为什么古往今来有那么多人要养寇自重……

就在郭子仪赋闲在家的时候，唐军前方的战局却在逐渐崩坏。

759年八月，史思明亲自率领大军自范阳南下，进攻河南，驻守汴州的唐军将领许叔冀不战而降。史思明乘胜向西攻克郑州，李光弼下令将洛阳官民迁入潼关，自己率两万众退保河阳，坚壁清野。九月，史思明兵不血刃进入洛阳。李光弼则率军坚守当年张用济修筑的河阳城，他会不会觉得惭愧呢？

占领洛阳后，史思明率领大军围攻河阳。河阳之战旷日持久，双方从十月一直激战至十一月，这期间李光弼虽然屡次击败叛军，但是叛军声势浩大，依然不断向河阳发动进攻，河阳依然危在旦夕。十一月中旬，史思明命周贽率军猛攻河阳，战至中午，未分胜负。李光弼见叛军阵容不整，命郝廷玉、仆固怀恩以精骑驰突敌阵，唐军诸军齐进，呼声动地，周贽大败而逃，史思明只得率军撤围。

面对前方的危局，身处洛阳的唐肃宗被吓得胆战心惊，此时朝中大臣纷纷意识到郭子仪的重要性，于是"言事者以子仪有社稷大功，今残孽未除，不宜置之散地"。意思就是当此危急之时，像郭子仪这种立下大功的人，不应该弃之不用。面对着朝臣如雪片般的上书，唐肃宗也逐渐改变了想法，准备重新起用郭子仪。760年正月，他任命郭子仪为邠宁、鄜坊两道节度使，希望能够用郭子仪的威名来震慑叛军，防止他们进攻潼关、威胁关中。

但是就在郭子仪有机会再次带兵出征的时候，前方的战局再次发生了戏剧性的变化。

760年二月，李光弼进攻怀州，史思明出兵相救，双方在沁水河边交战，唐军斩杀叛军三千多人。四月，史思明再度进攻河阳，以解怀州之围，结果又被唐军击败，只得退回洛阳。不久，李光弼收复怀州，守卫怀州的叛军将领安太清投降，唐军又大败叛军于郑州，战局自此转危为安。

听闻前方捷报频传，唐肃宗大喜过望，下诏加授李光弼为太尉兼中书令，至此李光弼的职衔超过了担任司徒的郭子仪，成为朝中一人之下万人之上的人物，风光无限。在李光弼光环的映衬之下，郭子仪暂时已经没有什么价值了。

就这样，郭子仪继续赋闲在家，这样的生活又持续了半年，到760年九月，郭子仪已经赋闲在家一年多了。在过去的半年里，因为前期消耗过大，唐军和叛军谁都无力再发动大规模进攻，于是双方在黄河一线对峙，战场上出现了难得的平静。如何打破这种僵局呢？郭子仪觉得，最好的方法就是从北面迂回进攻叛军的老巢范阳。

其实这并不是郭子仪第一次有这种想法了。早在755年叛乱刚刚开始，郭子仪率军收复云中地区之后，他就开始考虑要不要直接东进攻打范阳。但是当时叛军在河北声势滔天，唐军一败涂地，洛阳受到了巨大的威胁，所以郭子仪不得不南下救援河北。此后郭子仪一直在关中和河南奋战，也就没时间考虑攻打范阳了。此时史思明的注意力已经被完全吸引到了黄河一线，范阳守备空虚，如果能够趁机从北面偷袭范阳，那肯定可以打破僵局。

唯一的问题是郭子仪之前收复的云中地区已经被叛军重新占领，所以如果想从北面偷袭，就必须再次收复云中地区。不过在郭子仪看来这并不是什么问题，叛军在范阳的守军并不多，云中一带的守军必然会更少，击败这支偏师不会有太大难度。

经过充分考虑，郭子仪将自己北路迂回进攻范阳的建议上呈唐肃宗。

唐肃宗早已为前线的僵局而发愁，听闻郭子仪的建议，唐肃宗立刻来了精神，他在仔细阅读了郭子仪的上书之后，觉得此计可行。于是唐肃宗下诏，任命郭子仪为诸道兵马都统，命其率英武、威远等军以及河东、河西诸军攻取大同、横野，然后再取范阳。

在下达完了诏书之后，唐肃宗心情大好，他对一旁的鱼朝恩说："郭子仪果然是国家栋梁啊，能想出如此计策，朕相信他一定可以成功。叛乱已经五年了，有郭子仪在，平叛有望啊！"

不过鱼朝恩却满脸愁容地说道："臣担心即使叛乱平定了，

天下也难太平啊！"

唐肃宗疑惑地问："何出此言？"

鱼朝恩缓缓说道："臣并非妄言。攻克范阳，平定叛乱，这可是天下第一的大功，郭子仪已经位极人臣，到时候陛下该如何封赏他呢？难不成真的要封他为王吗？朝廷封的上一个异姓王，可就是当年的东平郡王安禄山啊！如果到时候不封他为王，他很有可能心怀怨恨；如果封他为王，那么他必然声势滔天，陛下又将何以自处呢？因此，不管到时候是否封他为王，郭子仪都会成为朝廷的隐患。"

听闻此言，唐肃宗惊讶地说："郭子仪为人宽厚谦和，并且年事已高，应该不至于反叛朝廷吧？"

鱼朝恩回答道："当年司马懿为官之时，也是声名俱佳，所以魏明帝才会托孤于司马懿。但是司马懿在七十岁高龄发动高平陵之变，最终其子孙篡夺曹魏江山，殷鉴不远啊！即使是郭子仪本人不想，他的部下也有可能会贪图高官厚禄，鼓动郭子仪谋反。郭子仪在军中威望甚高，早已牢牢掌控了朔方军，河东、河西诸军是陛下最后的精锐部队，绝对不可以再交给郭子仪统帅了！请陛下三思！"

唐肃宗本来就是个没什么主见的人，听闻鱼朝恩的这一通分析之后，唐肃宗感觉脊背发凉，于是急忙下令追回已经发布的诏令。

鱼朝恩之所以要阻挠郭子仪的计策，原因自然再简单不过。郭子仪之所以会失去兵权，全都拜鱼朝恩所赐，如果郭子仪东山再起，岂不是第一个就要对付自己吗？为了自保，鱼朝恩自然会拼命打压郭子仪。

　　奸臣误国！奸臣误国啊！

　　在收到皇帝对自己的任命之后，郭子仪感到了前所未有的开心，他终于可以再次披挂上阵、为国效力了！于是郭子仪立刻打点行装，准备马上出发。但是很快他又收到了另一份诏令，皇帝取消了对自己的任命，自己要继续赋闲。这大喜大悲来得太快，郭子仪一边为错失战机感到惋惜，另一边再次感到了朝廷上的凶险，他没有选择和鱼朝恩对峙朝堂，而是再次毫无怨言地接受了皇帝的安排。

　　强者示弱，弱者逞强。面对如此反复无常的安排却平静如水，不仅显示了郭子仪内心的强大，也为他日后能够得以善终埋下了伏笔。

第五章

朝中风云：为谁辛苦为谁甜

第一节 汾阳郡王

760年九月，当郭子仪希望重返战场的努力再次失败之后，唐军和叛军在黄河一线继续对峙，这种局面又持续了半年，始终没有人能够打破僵局，唐肃宗因为前线胶着的战局而寝食难安。

761年二月，担任陕州观军容使的鱼朝恩从前方听说了一个消息："洛中将士皆燕人，久戍思归，上下离心，急击之，可破也。"意思就是在洛阳的叛军大多都是燕地之人，他们长期在河南作战，思乡心切，因此叛军内部矛盾重重，上下离心，此时正是发起进攻的好时机。这个消息并没有确切的来源，只是前方的流言，但是鱼朝恩信以为真，他将此事告知唐肃宗，并建议唐肃宗趁机发起进攻，彻底结束黄河一线的战事。

或许是因为前方长期的对峙局面已经让唐肃宗再也无法忍受了，对于鱼朝恩的建议，唐肃宗不假思索地表示同意，他给李光弼下诏，要求李光弼立即率军进攻洛阳。对于皇帝的要求，李光弼明确表示反对，他表示："贼锋尚锐，未可轻进。"敌人的实力依然很强大，绝对不可以轻举妄动。但是另外一个人对皇帝的诏令表示赞同，他就是仆固怀恩。

仆固怀恩也是唐军中的一员悍将，战功卓著，骁勇异常，他麾下的部队战斗力极强，是唐军中少有的可以正面冲击叛军的精锐之师。但是仆固怀恩也有缺点，那就是居功自傲，骄纵不法，麾下的士兵也缺乏管束，因此仆固怀恩的部队经常发生违法乱纪之事。对于仆固怀恩，郭子仪非常宽容，只要仆固怀恩不犯下大错，对于其他事情，郭子仪基本不会多加约束。因此仆固怀恩非常乐于在郭子仪麾下效力，成为郭子仪最为倚重的将领之一。

但是接替郭子仪的李光弼治军非常严苛，对于任何违反军纪之事，李光弼采取零容忍政策，一律加以严惩，从不宽宥。所以仆固怀恩经常被李光弼责罚，他对此愤恨不已，而且李光弼杀张用济一事，也让仆固怀恩对他非常不满。听闻皇帝进攻洛阳的诏令遭到李光弼反对，久经沙场的仆固怀恩心里很清楚，李光弼的主张是正确的，现在确实不能轻举妄动。但是转念一想，仆固怀恩意识到，自己应当积极响应皇帝的诏令，因为这是一个对付李光弼的好机会。如果此次进攻胜利了，圣心大悦，那么自己作为皇帝诏令的最重要支持者，肯定会得到皇帝巨大的封赏；如果此次进攻失败了，那么自己就上书表示这是李光弼指挥无方，而非皇帝决策有误，这样既保全了皇帝的面子，也可以把责任全都推给李光弼。

想到这里，仆固怀恩非常得意，此战不管胜负如何，自己都会是赢家。

看到前方统兵大将仆固怀恩也支持自己的意见，唐肃宗更加坚定了进攻洛阳的决心，不断派出使者催促李光弼赶紧发起进攻。李光弼迫不得已，留李抱玉镇守河阳，自己与仆固怀恩率军与鱼朝恩及神策军使卫伯玉会合，联兵进攻洛阳。

761年二月二十三日，唐军抵达洛阳城北，李光弼指示诸军应依托险要地形布阵，仆固怀恩不听，偏要在平原地带布阵。李光弼传令仆固怀恩："依险则可以进，可以退；若平原，战而不利则尽矣，思明不可忽也。"但是仆固怀恩根本不听。史思明见状，一边命令士兵委弃财物、佯装溃逃，另一边于北邙山中设下埋伏。唐军军阵尚未结成，不少将士贪图钱物，争先入城劫掠。史思明见状发兵掩杀，唐军大败，战死数千人，损失大批军资器械。李光弼、仆固怀恩渡河退保闻喜，鱼朝恩、卫伯玉撤回陕州，李抱玉也弃守河阳。叛军又趁势攻取怀州，朝廷上下大为惊恐，不得不调集重兵驻守陕州，防止叛军向西进攻潼关。

邙山之败，一般都会认为仆固怀恩要负主要责任，但是李光弼自己就没有问题吗？同样是仆固怀恩，在郭子仪的麾下，仆固怀恩作战英勇、屡立战功，在收复两京的过程中厥功甚伟。但是来到李光弼的麾下，仆固怀恩和李光弼钩心斗角，上下不和，最终收获一场惨败。原因在哪呢？原因就在用人的智慧。郭子仪为人谦恭，待下宽和，所以可以最大限度地发挥下属的能力。而李光弼不仅治军严苛，毫不通融，更重要的是他擅杀张用济招致了朔方军上下的一致愤怒，本就桀骜不驯的仆固怀恩怎么可能和李光弼和平共处呢？

用人之道是一门大学问，乱世之中用人更是应该唯才是举，这方面较之郭子仪，李光弼相差远矣。

邙山之败的后果极为严重，唐军几乎丢失了潼关以东的整个河南地区，好不容易打通的与江南地区的交通线自此中断，战局再度陷入危险。但是或许真的是天佑大唐，此时叛军内部再度发生了剧变——史思明死了。

史思明的长子史朝义常随史思明出征，他为人谦恭，爱惜士卒，深得众心，但史思明更偏爱小儿子史朝清，他派史朝清留守范阳，并且时常有杀掉史朝义，立史朝清为继承人的念头，史朝义非常恐惧。

史思明邙山之战获胜后，想乘胜西进入潼关，遂以史朝义为前锋，自北道进击陕城，史思明亲率大军自福昌出发，由南道进攻。761年三月，史朝义行军至礓子阪，遭到唐军卫伯玉部的阻击，史朝义屡战屡败，不得不退守永宁，史思明听说后骂道："终不足成吾事！"并扬言要杀掉史朝义以立军威。之后，史思明命令史朝义修筑三角城用以囤粮，限期一天修完。第二天城虽修好，但没来得及用泥抹外墙。史思明巡视到此，见状大怒，亲自监督士兵将泥抹好，临走前史思明指着史朝义说道："俟克陕州，终斩此贼。"

当晚，史朝义的部将骆悦、蔡文景劝史朝义："悦等与王，死无日矣！自古有废立，请召曹将军谋之。"如今众人命将不保，自然思反。他们想要联系负责史思明警卫工作的曹将军作为内应。史朝义下不了决心，骆悦等人又说："王苟不许，悦等今归李氏，王亦不全矣。"眼见再不许，这些部将就要投靠李唐，史朝义思虑再三，只得答应。

于是骆悦等人联合负责史思明警卫工作的曹将军，率领史朝义亲兵三百人在夜间闯入史思明营内，史思明逃跑不及，被骆悦等人抓获。骆悦动手勒死了史思明，用毡毯裹尸，用骆驼运回洛阳。

史朝义杀了史思明之后，在洛阳即皇帝位，改元显圣。但是叛军内部原来那些安禄山和史思明的旧将根本不服从史朝义的管理，所以史朝义只是叛军名义上的首领，他已经失去了统驭全局的能力。

叛军内部再次发生大动荡，这本来是唐军发起进攻的好时机，但是怎奈造化弄人，和当年安禄山被杀时一样，此时唐军内部也发生了变乱，导致唐军再次失去了平定叛乱的大好时机。

河中地区首先发生变乱。因为战争的摧残，河中地区经济凋敝，农业大减，民不聊生，老百姓都没有饭吃，军队自然也强不到哪去，河中唐军的军粮供应非常紧张。当时河中地区的最高长官是河中节度都统处置使李国贞，治所在绛州。761年八月李国贞到任后就向朝廷反映了这一问题，但是并没有得到朝廷的支援。最终在762年二月，河中唐军士兵掀起叛乱，有人劝李国贞逃走，李国贞说道："吾衔命为将，不能靖难，安可弃城乎！"最终李国贞被乱军杀害。

紧接着河东地区也发生变乱。原河东节度使管崇嗣为政松弛，过多放纵左右，导致属下为非作歹，原有的一百万斛粮食耗散殆尽，只存下一万多斛陈腐烂米。唐肃宗听说后，任命邓景山为河东节度使，严查此事。邓景山到任后，整顿法纪，核查账目，查出那些消失的粮食基本都被各级军官私吞了，这引发了那些不法军官的恐惧。762年年初，这些军官发动叛乱，杀害邓景山。

河中和河东地区发生的变乱让唐肃宗非常害怕，因为此时朝廷根本没有足够的兵力镇压叛乱。河中和河东地区距离京师长安非常近，如果这两支叛军联合直扑长安，那么局势可就危险了！所以必须派遣一个有能力、有威望，同时又对朝廷忠心耿耿的人去解决这个难题，那派谁去呢？唐肃宗想到了赋闲在家很久的郭子仪：此事，非郭子仪出马不能解决！

为什么非郭子仪不可呢？首先，郭子仪的能力、威望和忠心都是毫无问题的，足以担当此任。更重要的是，郭子仪治军宽和，他的这一作风有利于安定唐军的军心，如果不能做到这点，那么唐军肯定人人恐惧，必定会以死相抗。

处于事关国家危亡的重要时刻，唐肃宗最终做出了一个之前一直难以下定的决策——封郭子仪为王！唐肃宗下诏，任命郭子仪为朔方、河中、北庭、潞州、仪州、泽州、沁州等州节度行营，兼兴平、定国等军兵马副元帅，进封汾阳郡王，驻守绛州。

为什么唐肃宗要在这时候封郭子仪为王呢？因为此时唐肃宗已经承受不起任何的失败了。如果郭子仪因为长期不受重用，心怀怨恨，在平叛一事上出工不出力，进而导致河中和河东局势完全崩坏，那么大唐可就真的完了！自己可能真的就成亡国之君了！

接到了皇帝的诏令之后，看到皇帝要册封自己为汾阳郡王，郭子仪非常震惊。面对这一非同寻常的任命，郭子仪瞬间就明白了前方局势的艰险和皇帝对自己的殷切期望。郭子仪没有计较之前的事情，而是立刻研究起了前方的奏报，思索如何才能解决问题。研究了半天，最后却得出了一个尴尬的结论——这事儿没法办……

皇帝命令自己驻守绛州，明显是要自己先解决河中的问题，因为河中距离长安实在是太近了。河中之所以发生变乱，是因为那里军粮不足，士兵们都在饿肚子。即使自己能力再强、威望再高，如果不能解决军粮供应问题，那么也是管得了一时，管不了一世，搞不好自己也有可能落得和李国贞一样的下场。那么从哪里能弄来粮食呢？现在正是春季，青黄不接，正是一年当中粮食最少的时节，老百姓自己尚且难以糊口，指望从民间征粮，太不现实了。从外地调运？河北、河南这些主要产粮区全部被叛军占据，关中与江南地区的交通非常困难，指望短时间内从外地调来大批粮食，也不大可能。

想来想去，郭子仪认为只有一个办法：从京师府库中调拨。

郭子仪认为，虽然中央财政已经非常困难，但是中央府库中应该还是有一些库存粮食的，毕竟京师庞大的官僚机构和皇帝、后妃等人都需要大量的粮食，所以现在只能指望用这些粮食来救急了。当此危难之时，宁肯饿着后方的官员、后妃，也不能让前线的士兵饿肚子。

随后郭子仪向唐肃宗上书，分析局势，痛陈利害，最后得出一个结论：非调用京师之粮不足以平乱！

唐肃宗终于英明了一次，他下令调运京师绢四万匹、布五万端、米六万石，交由郭子仪支配。

在得到了这么一大笔物资之后，郭子仪信心大增，在临行之前，他准备进宫向皇帝辞行。此时唐肃宗身患重病，身体非常虚弱，已经基本不接见大臣了，但是当他听说是郭子仪前来辞行，他还是强撑着病体召郭子仪觐见。看到皇帝虚弱的模样，郭子仪悲痛难当，说道："老臣受命，将死于外，不见陛下，目不瞑矣。"唐肃宗将郭子仪请进卧室，对他说道："河东之事，一以委卿。"然后下诏赏赐郭子仪御马、银器、杂彩等物。

接受了皇帝的赏赐后，郭子仪拜别唐肃宗，离开皇宫。君臣二人此一别竟成永别……

第二节　再遭谗言

从长安出发之后，郭子仪并不着急进军，他率军大张旗鼓地前进，并且有意将自己携带的大量粮草和财帛展示给沿途的民众。同时郭子仪派人传信给河中的变乱士兵，告诉他们汾阳郡王郭子仪率领大军十万前来平乱，同时携带的还有百万石粮草和十万匹绢帛。如果河中的士兵能够缴械投降，那么郭子仪不仅不会杀他们，反而会把这些粮草绢帛全部犒赏士兵，以解决河中唐军粮草匮乏的问题。但是如果变乱士兵依然负隅顽抗，那么等郭子仪率领着大军赶到，必将寸草不留！

听闻郭子仪率领大军前来，河中变乱的唐军乱作一团。郭子仪的威名他们早已如雷贯耳，和郭子仪硬拼，他们自知没有任何胜算，如果投降的话，不仅可以保住一条命，还可以获得朝廷赏赐的大量粮草绢帛，那还有什么好犹豫的呢？因此还没等郭子仪到达绛州，便陆陆续续有参与变乱的士兵跑来向郭子仪投降。郭子仪对这些士兵好言抚慰，然后对每个人都给予赏赐，这一消息一传十，十传百，前来向郭子仪投降的士兵越来越多。

看到投降的士兵越来越多，河中变乱唐军的首领王元振慌了。河中唐军谁都可以投降郭子仪，唯独他是绝对不敢的，因为他是杀死李国贞的罪魁祸首。当初李国贞被乱军抓住之后，辩解道："军中乏粮，已有陈请，人不堪赋，予无负于将士耳。"他已经说明，军粮缺乏之事已经报告朝廷，而现在老百姓那里也征收不到粮食，自己也是没办法，并没有做过对不起将士们的事情。听李国贞这么一说，众将士也都理解，于是准备散去，结果王元振说道："今朝之事，岂须问焉！"反都反了，还回头干吗？于是拔刀杀了李国贞。

王元振明白，郭子仪是绝对不可能饶过自己的，他本想召集士兵反抗，结果看到士兵们都去投奔郭子仪，自己已经无兵可

用，也不敢与郭子仪正面对抗，于是李国贞决定，三十六计走为
上计，准备偷偷逃走。结果还没等他逃走，几名士兵闯入了王元
振的军营，把他抓走献给郭子仪。原来为了防止王元振逃走，
郭子仪已经派人晓谕变乱士兵，能够抓住王元振的，赏赐绢帛
千匹。

到达绛州之后，郭子仪命人把王元振等几十名作乱的为首之
人抓来，郭子仪历数了他们的罪行，下令全部拖出去斩首。随后
郭子仪召集所有参加变乱的河中士兵，向他们表示，皇帝宽宏大
量，首恶必办，胁从不问，你们以后一定要尽心竭力效忠朝廷，
绝对不可以再生变乱之心。变乱士兵全部跪倒在地，表示谨遵郭
子仪教诲。

就这样，郭子仪兵不血刃，平定了河中之乱。新任河东节度
使辛云京也处死河东作乱者，各地将领尽皆恐惧，不再敢作乱。

正当郭子仪准备向唐肃宗报告这一喜讯的时候，长安突然传
来消息：唐肃宗驾崩了！

对于唐肃宗的驾崩，郭子仪并不感到奇怪，因为他离开长安
的时候，唐肃宗的身体状况已经很差了。但是经过综合判断从长
安传来的各种消息，郭子仪感到唐肃宗之死，其中有蹊跷。

唐肃宗病重之时，朝中大权掌握在宦官李辅国和程元振的
手里。张皇后与李辅国有矛盾，于是就想借机杀掉李辅国、程元
振。762年四月，张皇后找到太子李豫，要太子李豫帮她杀李辅
国、程元振，结果李豫反对。随后张皇后找到了唐肃宗的次子越
王李系，对他说道："太子仁弱，不能诛贼臣，汝能之乎？"李

係毫不犹豫地答应了。于是李係召集了两百名身强力壮的宦官，身披甲胄，埋伏在唐肃宗居住的长生殿后面，为政变做好了武力准备。

张皇后准备发动政变，召太子李俶进宫，欲联合越王李係废太子李俶、改立越王李係，而后杀掉李辅国、程元振。程元振得知了他们的阴谋，告诉了李辅国，李辅国出兵把太子保护起来，然后率兵逮捕了张皇后与李係的党羽，将张皇后囚禁在别殿，并杀掉李係。当晚唐肃宗病死，第二天李辅国拥立太子李俶继位，改名李豫（后文统称李豫），是为唐代宗。

关于唐肃宗的死，传言甚多，有人说当晚政变发生时，唐肃宗受到惊吓，恐惧之下病发而死，更有人说唐肃宗是李辅国和程元振害死的。一时之间，朝野内外议论纷纷。对于唐肃宗的死，郭子仪也持强烈的怀疑态度，如果条件允许，他真的想把此事查个水落石出，但是现实根本不允许他这么做，因为此时李辅国和程元振的权力达到顶峰，他们只手遮天，为非作歹，唐朝也自此开启了一段黑暗时代。

虽然对未来持悲观态度，但是郭子仪身为臣子，不得不回长安为唐肃宗奔丧，因为这是他作为臣子的责任和本分。看着唐肃宗的棺木，郭子仪的内心久久不能平静。对于唐肃宗，郭子仪的情感十分复杂。唐肃宗为人懦弱，有时候甚至忠奸不分，善恶不明，所以昏招迭出，朝廷曾经有过不止一次机会可以结束叛乱，但是都因为唐肃宗的昏庸而功亏一篑。但是唐肃宗毕竟对自己有知遇之恩，自己之所以能够沙场建功，位极人臣，都源于当年唐肃宗的提拔，唐肃宗是自己最应该感谢的人。

想到这些，郭子仪的内心久久不能平静，他跪倒在地，心里默默地说道：如果是在太平盛世，你应该是一个合格的皇帝吧，只可惜在这个乱世，你的能力确实难以应付大局。至于是非功过，那就留待后人评说吧！

在拜祭了唐肃宗之后，郭子仪前往面见新君。根据史书记载，唐代宗李豫"宇量弘深，宽而能断，喜惧不形于色，仁孝温恭，动必由礼，幼而好学，尤专《礼》《易》"，可谓难得的人才。对于唐代宗，郭子仪不但不陌生，反而称得上是非常熟悉，因为唐代宗此前曾担任天下兵马元帅，郭子仪作为他的副手，曾经辅佐他收复两京，两人可谓交情匪浅。当初唐代宗为了百姓而不惜得罪回纥人，请求他们不要抢掠两京，此事是郭子仪目睹，所以郭子仪对于这位新皇帝非常钦佩。

但是当时的朝中大权完全掌握在程元振和李辅国的手里。唐代宗即位后，以程元振有拥立之功，拜他为右监门将军、知内侍省事，掌管了皇宫大权。不久，又让他担任元帅行军司马，加镇军大将军、右监门卫大将军，封保定县侯，统领禁军。762年9月，程元振升任骠骑大将军，进封邠国公，权势显赫。李辅国的权力则更为夸张，唐代宗尊称他为"尚父"，封司空兼中书令，朝中事无巨细全部都由李辅国决定。因此李辅国嚣张地对唐代宗说："大家（皇帝的别称）但内里坐，外事听老奴处置。"

看到宦官的权势煊赫，朝政黑暗，郭子仪明白，未来的日子只会更加艰难……

　　果不其然，程元振非常忌惮像郭子仪这样德高望重的大臣，担心郭子仪会成为自己权力道路上的绊脚石，所以他经常在唐代宗面前造谣生事，诬陷郭子仪，离间郭子仪和唐代宗之间的关系。对于程元振的诬陷，唐代宗自然是不相信的，因为他曾经和郭子仪长期共事，对于郭子仪的人品他是非常清楚的，但是唐代宗忌惮程元振和李辅国的强大实力，所以也不得不妥协。于是唐代宗只得下诏，加郭子仪封户七百户，但是剥夺了郭子仪的兵权，罢免了郭子仪天下兵马副元帅这一职务，任命郭子仪充任唐肃宗山陵使。

　　山陵使，亦称"山陵仪仗使"。"山陵"一词，原指帝王或皇后之陵寝。《孔子家语》云："大王万岁之后，起山陵于荆台之上。"北魏郦道元于《水经注》中说："秦名天子冢曰山，汉曰陵，故通曰山陵矣。"山陵使，主掌皇帝丧葬之事，"掌议帝后陵寝制度"，一般由宰相临时兼任，类似现今治丧委员会主任。山陵使一职，唐代贞观中年开始设置，沿用至宋。

　　山陵使，是一个毫无实权的荣誉性职务，担任这一职务就意味着郭子仪已经完全离开了权力中心。

　　听闻这一消息之后，郭子仪依然没有凭借与皇帝的熟悉，走上朝堂辩白一二。他心里明白，今后只要大权还掌握在程元振和李辅国的手里，那么自己想要重掌兵权就是一件不可能的事情。不仅不可能掌权，将来自己的性命能不能保住都是个大问题，因为自己的威望太高，在军中的影响力实在是太大了。虽然郭子仪估计程元振和李辅国不敢明目张胆地杀了自己，但是他们完全可以制造一些"意外"，让自己合理死亡，毕竟唐肃宗的死都有可能是他们一手制造的，他们还有什么事情不敢干呢？想到这里，郭子仪的内心充满了忧虑。

为了保住自己的性命和政治前途，郭子仪做出了一个决定：他将唐肃宗所赐的诏书一千余封全部呈给唐代宗。郭子仪为什么要这么做呢？主要有两点原因：

第一，证明自己对朝廷的价值。

在安史之乱开始前，郭子仪籍籍无名，唐肃宗自然不会有多少诏书下达给郭子仪。755年安史之乱爆发后，郭子仪被唐肃宗启用，到762年唐代宗继位，有七年的时间。在这七年的时间里，唐肃宗先后给郭子仪下达了一千多封诏书，平均每两天就有一封，诏书下达的频繁程度可以说当世罕有，这充分体现了唐肃宗对郭子仪的重视。并且在诏书中，唐肃宗充分表达了自己对郭子仪的赞赏，最著名的评价莫过于在郭子仪收复两京之后，唐肃宗称赞的"虽吾之家国，实由卿再造"一句。

这些诏书充分表现了郭子仪的能力和他对朝廷的价值。现在安史之乱仍未平息，战局的发展难以预测，朝廷仍然在用人之际，郭子仪想以此向朝廷表明，自己虽然年老，但是自己的价值依然存在，老骥伏枥，志在千里，自己依然可以为国效力，希望皇帝在关键时刻可以想起自己。

第二，表明自己从来没有做过危害唐代宗的事情。

在继位之前，唐代宗最为介怀的是两件事：第一件事是他最重要的助手、三弟建宁王李倓被诬陷致死；第二件事是张皇后试图废黜自己，改立越王李係。唐代宗对这两件事非常敏感，与这两件事有关的人最后基本都没有好下场。郭子仪非常担心程元振会捕风捉影，把这两件事和自己联系起来，如果是这样那可就糟了。所以郭子仪把所有唐肃宗给自己的诏书全部交出，以证明自己和这两件事绝无瓜葛。

在交出这一千多封诏书之后，郭子仪还向唐代宗上呈了一封奏表，在其中郭子仪说道：

"臣德薄蝉翼，命轻鸿毛，累蒙国恩，猥厕朝列。会天地震荡，中原血战，臣北自灵武，册先皇帝，乃举兵而南，大蒐于岐阳。先帝忧勤宗社，托臣以家国，俾副陛下扫两京之妖祲。陛下雄图丕断，再造区宇，自后不以臣寡劣，委文武之二柄，外敷邦教，内调鼎饪，是以常许国家之死，实荷日月之明。

"臣本愚浅，言多诋直，虑此招谤，上渎冕旒。陛下居高听卑，察臣不二，皇天后土，察臣无私。伏以器忌满盈，日增兢惕，焉敢偷全，久妨贤路？自受恩塞下，制敌行间，东西十年，前后百战。天寒剑折，溅血沾衣；野宿魂惊，饮冰伤骨。跋涉难阻，出没死生，所仗唯天，以至今日。

"陛下曲垂惠奖，念及勤劳，贻臣诏书一千余首，圣旨微婉，未雨绸缪，彰微臣一时之功，成子孙万代之宝。自灵武、河北、河南、彭原、鄜坊、河东、凤翔、两京、绛州，臣所经行，赐手诏敕书凡二十卷，昧死上进，庶烦听览。"

在这份奏表中，郭子仪回顾了这些年自己在唐肃宗和唐代宗两任皇帝的领导之下，艰苦奋战，为了平定叛乱而鞠躬尽瘁的经过，表明了自己"常许国家之死，实荷日月之明"的心志。随后，郭子仪表达了自己对于唐肃宗和唐代宗的感激之情，这一千多封诏书，足以"彰微臣一时之功，成子孙万代之宝"。自己今天要把这些诏书全部上呈陛下"庶烦听览"，以彰显自己的赤诚之心。

在看到郭子仪上呈的诏书和奏表之后，唐代宗大受震撼，他向郭子仪下诏："朕不德不明，俾大臣忧疑，朕之过也。朕甚自愧，公勿以为虑。"

第三节　叛乱终结

在继位之后，唐代宗的首要任务依然是平定安史之乱。此时安史之乱已经持续七年了，整个大唐境内生灵涂炭，百姓流离失所，长此以往，国将不国。所以762年十月，唐代宗下令，任命自己的长子、雍王李适为天下兵马元帅，统军出征，进攻史朝义。此时李适仅仅二十一岁，根本没有指挥大军作战的能力，所以他仍然是挂名，作战指挥仍然要由天下兵马副元帅负责。那么，任命谁来担任天下兵马副元帅呢？

唐代宗首先想到的自然是郭子仪。当年唐代宗担任天下兵马元帅时，就是由郭子仪担任自己的副手，最终收复两京，立下盖世功勋。现在自己的儿子又要担任元帅领军出征，在唐代宗心里副元帅最合适的人选依然是郭子仪，于是唐代宗就准备下诏让郭子仪重新披挂上阵。但是和两年前鱼朝恩阻挠唐肃宗重新起用郭子仪一样，唐代宗的这一决定遭到了程元振的阻挠。面对着在朝中一手遮天的程元振，唐代宗再次妥协，郭子仪只得继续赋闲在家。

虽然没有能够重新起用郭子仪，但是针对副元帅的人选，唐代宗依然把郭子仪召进宫，征求郭子仪的意见。唐代宗问道："爱卿以为，朝中统兵大将，谁可以担任雍王的副手？"

郭子仪沉思片刻之后答道："仆固怀恩。"

这个回答出乎唐代宗的预料，他疑惑地问道："为什么是仆固怀恩？我以为爱卿会推荐李光弼。"

郭子仪没有正面回答，而是反问唐代宗："臣听闻陛下已经决定再次向回纥借兵，可有此事？"

唐代宗答道："确有此事。回纥骑兵极为凶悍，在收复两京的战役中厥功甚伟，这点爱卿肯定最清楚。现在在战场上我军和敌军互有胜负，我军毫无优势，再这样打下去，战争必定旷日持久。朕希望能够尽早结束叛乱，还天下一个太平，为今之计也只能再次向回纥借兵，所以朕已经派遣中使刘清潭出使回纥，向回纥登里可汗借兵。"

郭子仪说道："正因如此，才不能够让李光弼辅助雍王。原因有二：第一，李光弼历来以治军严厉出名，其麾下将士对此一直颇有微词，不过一直敢怒不敢言。回纥骑兵虽然骁勇，但是桀骜不驯，极容易生出事端，让李光弼统领回纥骑兵，必然会出大事，到时候外患未除，又生内乱，这可就麻烦了。其二，仆固怀恩是铁勒人，回纥人也是铁勒诸部的一支，因此仆固怀恩和回纥人是同族血脉，感情上自然更为亲近。几年前仆固怀恩曾出使回纥借兵，并嫁女与回纥和亲，因此仆固怀恩与回纥之间还有一层姻亲关系。所以两相比较之下，自然是让仆固怀恩统帅回纥骑兵更加合适。"

听到郭子仪的解释，唐代宗连连称是。

不过接下来郭子仪话锋一转，说道："虽然回纥骑兵战斗力凶悍，但是这也是把双刃剑。上次向回纥借兵，不得不答应他们等攻下长安和洛阳后，城中财富尽归回纥，最终我们付出了一万余匹绢帛，才算解除了一场兵灾，此事是当年陛下亲历，陛下自然再清楚不过。这次又要向回纥借兵，臣担心这次回纥人的欲望就不是一万匹绢帛所能满足的了。"

听闻郭子仪此言，唐代宗也叹了一口气，说道："爱卿担心的事情，朕也想过，可是眼下又有什么办法呢？为了尽快平定叛乱，也只能两害相权取其轻了。"

随后唐代宗正式下诏，任命雍王李适为天下兵马元帅，加朔方节度使仆固怀恩同平章事兼绛州刺史，领诸军节度行营为雍王副手，以兼御史中丞药子昂、魏琚为左、右厢兵马使，以中书舍人韦少华为判官、给事中李进为行军司马，会诸道节度使及回纥兵于陕州，进讨史朝义。

不过唐代宗向回纥借兵的过程并不顺利。史朝义知道朝廷很有可能会向回纥借兵，所以派人劝说回纥登里可汗："唐室继有大丧，今中原无主，可汗宜速来共收其府库。"意思就是邀请回纥与自己联合，共同灭唐，瓜分李氏江山。唐朝出使回纥的刘清潭闻知此事后，对登里可汗说道："先帝虽弃天下，今上继统，乃昔日广平王，与叶护共收两京者也。"希望回纥能够念在往日情分上，不要襄助史朝义。登里可汗思虑再三，最终答应帮助唐朝。

随后登里可汗率军进入唐朝境内，当他看见唐朝州县尽成丘墟，人民流离失所，国力疲弱不堪的情景后，他产生了借机进攻唐朝的想法。刘清潭立刻将此事报告朝廷，长安城内官民大为惊骇，在此危急时刻，仆固怀恩领命出使回纥。当年回纥前任可汗毗伽阙可汗向唐肃宗为登里求婚，唐肃宗就把仆固怀恩的女儿嫁给了登里，因此仆固怀恩也就成了登里可汗的岳父，和登里可汗的关系比较亲近。见到登里可汗后，仆固怀恩向登里可汗讲述了多年以来朝廷对回纥的恩义，并劝说登里可汗"唐家恩信不可负"。最终登里可汗上书唐代宗，表示自己定当协助唐朝消灭史朝义。

听闻一场灾难被化解，唐代宗不禁擦了擦额头上的冷汗：还好听了郭子仪的建议起用仆固怀恩，否则后果不堪设想啊！

虽然勉强让回纥人出兵了，但是回纥人的傲慢依然让唐朝受到了巨大的折辱。听闻回纥人到达陕州之后，雍王李适前去迎接，回纥将军车鼻要求李适向登里可汗拜舞，他说道："唐天子与可汗约为兄弟，可汗于雍王，叔父也，何得不拜舞？"李适的随从药子昂反驳道："雍王，天子长子，今为元帅，安有中国储君向外国可汗拜舞乎！且两宫在殡，不应舞蹈。"车鼻大怒，将跟随李适的药子昂、魏琚、韦少华、李进四人每人鞭打一百，李适无力阻拦。当晚魏琚、韦少华伤重而死。面对回纥人的放肆，唐朝上下虽然愤怒，但是也无可奈何。

昔日皇皇大唐，今日竟被回纥人折辱至此，天下人闻之无不怆然泪下……

在回纥骑兵抵达之后，762年十月下旬，雍王李适和仆固怀恩率军向洛阳进军。

听闻唐军大举而来，史朝义急忙召集诸将商议对策。阿史那承庆建议："唐若独与汉兵来，宜悉众与战；若与回纥俱来，其锋不可当，宜退守河阳以避之。"回纥人的战力实在太过强大，我们不能与之为敌，所以不应该在洛阳和唐军硬拼，而应当主动退守河阳。但是这一建议遭到了史朝义的拒绝，他决定在洛阳城下和唐军决一死战。

762年十月三十日，两军在横水摆开战阵。数万叛军修筑木栅以固守，仆固怀恩遂率军在西原列阵正面迎战叛军，同时派精锐骑兵和回纥人绕道南山，从叛军东北方向发动偷袭，在唐军的两路夹击之下，叛军溃不成军，一败涂地。听闻前方大败，史朝义率领主力部队十万人前来救援，列阵于昭觉寺。

仆固怀恩命令唐军猛攻叛军军阵，叛军虽然伤亡惨重，但是依然保持了极高的战术素养，军阵始终没有被唐军攻破。唐军派出五百名精锐弓弩手向叛军猛烈射击，叛军死伤累累，但是军阵依然坚不可摧。见此情景，镇西节度使马璘单骑冲入叛军军阵，左冲右突，势不可挡，杀伤无数，所到之处叛军皆望风披靡，军阵终于出现松动。见此情形，仆固怀恩命令唐军全军出击，发起猛攻，连续击败叛军，叛军"人马相蹂践，填尚书谷"，唐军斩首六万余级，俘虏二万人，史朝义仅率轻骑数百东逃，唐军收复洛阳。仆固怀恩留回纥兵于河阳，派其子右厢兵马使仆固玚及朔方兵马使高辅成率步骑万余人，乘胜追击史朝义，连克郑州、汴州等地，史朝义逃往濮州。

虽然唐军取得了决定性胜利，但是郭子仪最大的担心开始成为现实：此时的回纥人如同脱缰的野马，已经无人能够管束了。

五年前收复两京的战役中，回纥人之所以没有失去控制，最主要的原因是当时还是广平王的李豫和郭子仪两人的共同努力。五年后的今天，统帅唐军的则是年轻懦弱的雍王李适和并无恤民之心的仆固怀恩，回纥人自然难以控制。当时的情形，根据《资治通鉴》的记载，"回纥入东京，肆行杀略，死者万计，火累旬不灭"，"登里可汗归国，其部众所过抄掠，虏给小不如意，辄杀人，无所忌惮"。

看到回纥人如此放肆，唐军士兵不但不加以阻止，反而有样学样，也开始烧杀抢掠，其中带头的就是郭子仪曾经统帅的朔方军。据史书记载，"朔方、神策军亦以东京、郑、汴、汝州皆为贼境，所过掳掠，三月乃已"。没有了郭子仪的斡旋，在各路乱军的轮流蹂躏之下，中原百姓遭遇了一场空前的灾难，对于这一惨状，《资治通鉴》的记载是"比屋荡尽，士民皆衣纸"。

虽然只有九个字，但是这九个字里包含着无数人的家破人亡和血泪控诉……

十一月初，史朝义从濮州北渡黄河，仆固怀恩攻拔滑州，追击史朝义至卫州，再次将其击败。史朝义部将田承嗣等率军四万与史朝义会合，迎战唐军。仆固玚率军力战，击败叛军。史朝义逃至贝州，与其大将薛忠义合兵三万南下迎战，进至临清，遭仆固玚伏兵袭击，再度大败。史朝义逃往莫州，仆固怀恩派都知兵马使薛兼训、兵马使郝庭玉、兖郓节度使田神功、河东节度使辛云京、青淄节度使侯希逸与仆固玚部会合，进围莫州。

763年正月，史朝义因屡战屡败，遂留田承嗣守莫州，自率骑兵五千突围北去幽州求援，以解莫州之围。史朝义走后，田承嗣即开城投降唐军。仆固玚、侯希逸、薛兼训等率兵三万，追击史朝义至归义，再度将其击败，史朝义逃往范阳。此时范阳守将李怀仙已经降唐，史朝义大势已去，其部下纷纷离去，史朝义只得率仅存的数百骑北上，试图投奔奚、契丹。当史朝义率军行至温泉栅时，李怀仙的追兵赶到，史朝义走投无路，被迫于林中自杀。

历时七年多的安史之乱，至此结束。

安史之乱，是中国历史上的一场惊天巨变，是唐由盛而衰的转折点。这场内战使得唐朝人口大量丧失，国力锐减，战乱使社会遭到了一次空前浩劫。对于当时社会的惨状，著名诗人杜甫在他的名作《无家别》中这样写道：

寂寞天宝后，园庐但蒿藜。我里百余家，世乱各东西。

存者无消息，死者为尘泥。贱子因阵败，归来寻旧蹊。

久行见空巷，日瘦气惨凄。但对狐与狸，竖毛怒我啼。

四邻何所有，一二老寡妻。宿鸟恋本枝，安辞且穷栖。

与其他忙于庆祝的军士们不同，郭子仪开始深刻地思考这场战争带来的教训，后来在给皇帝的奏表中，他记述道："宫室焚烧，十不存一。百曹荒废，曾无尺椽。中间畿内，不满千户，井邑榛棘，豺狼所嗥。既乏军储，又鲜人力。东至郑、汴，达于徐方，北自覃怀，经于相土，人烟断绝，千里萧条。"但是安史之乱带来的影响仅限于此吗？想到这里，郭子仪摇了摇头：事情远远没有这么简单⋯⋯

安史之乱被平定后，最高兴的人自然是唐代宗。祖父和父亲都没有平定的叛乱，在自己手里得以终结，唐代宗的内心充满了巨大的满足感和成就感。他先是前往太庙，祭拜了列祖列宗，告知这一喜讯，随后唐代宗大宴群臣，以庆祝这一巨大的胜利。

在这场宴会上，作为平叛的最大功臣，汾阳郡王郭子仪自然是要上座。但是在整个宴会中，郭子仪表现得相当平静，他不但没有举酒祝贺，反而脸上不时飘过几丝愁容。唐代宗坐得离郭子仪不远，自然将此情形看得十分清楚，所以在宴会结束后，唐代宗将郭子仪留下，对他说道："朕见爱卿宴会期间面色不佳，可是最近有什么心事？"

郭子仪说："臣并非为私事操心，而是为国家忧虑。"

唐代宗问道："现在叛乱已经平定，还有什么可以忧心呢？"

郭子仪说道："内忧河朔三镇隐患，外有吐蕃、党项窥伺，臣实在是夜不能寐。"随后郭子仪向唐代宗细细讲述了自己的忧虑。

所谓"河朔三镇"，指的是三名安史叛军降将田承嗣、张忠志、李怀仙。由于这三镇都在唐朝的河北道，所以被称为河北三镇，又称河朔三镇。安史之乱后期，史朝义部将张忠志、田承嗣、李怀仙相继投降，他们虽然投降，但是每个人都手握重兵，朝廷对他们非常忌惮，但是又无力用武力解决河朔三镇的危机，所以只能通过封赏对他们加以笼络。朝廷先后任命张忠志为成德军节度使，赐姓名李宝臣，任命田承嗣为魏博节度使，任命李怀仙为幽州卢龙节度使。

这三人名义上归顺朝廷，实际上并不服从中央，他们自己署置将吏官员，各握强兵数万，租赋不上供，形成地方割据势力。朝廷无力过问，只是采取姑息政策。

这是内忧。除了内忧之外，在郭子仪看来，还有外患。

在周边各族中，郭子仪之所以格外重视吐蕃和党项，是因为唐朝的首都在长安，所以西北的国防安全至关重要，而吐蕃和党项恰恰对唐朝西北国防安全构成了巨大威胁。

在唐朝周边各政权中，吐蕃最为强大。从唐高宗年间开始，唐与吐蕃之间战乱不断，双方互有胜负，唐军始终无法彻底击败吐蕃军队。吐蕃一直觊觎唐朝占据的西域和河西地区，但是开元年间唐朝国力强盛，所以吐蕃在战争中一直占不到什么便宜。随着安史之乱的爆发，为了平定叛乱，唐朝不得不把西北地区的军队大量内调，这就使得西北国防空虚，吐蕃开始不断进攻西域和河西，唐朝西北国防线频频告急。

党项是羌族的一支，原本生活在今青海地区。吐蕃日益向外扩张，北上灭了吐谷浑，并侵袭威逼党项。散居在今甘肃南部和青海境内的党项部落逐渐内迁，唐移静边州都督府至庆州，辖下的二十五个党项州，也随着一道迁徙。党项内迁之后，始终保持其独立性，并且因为争夺资源等原因，与汉人之间的矛盾不断发生，成为唐朝西北国防安全的严重隐患。

在听完了郭子仪的讲述之后，唐代宗急忙问道："爱卿觉得，这些问题应该如何解决？"

郭子仪说道："河朔三镇，树大根深，实力强大，如果贸然对其动手，不但难以成功，还有可能激起其他安史降将的强烈反弹，所以对他们只能徐徐图之，绝不可轻举妄动。而吐蕃和党项则是当前急务，他们的狼子野心早已昭然若揭，臣预感他们很快就会发起大规模进攻，所以必须严加防范。因此臣的主张是，吐蕃、党项不可忽视，宜早为之备。"

郭子仪预料到了吐蕃会给大唐带来巨大威胁，但是他没想到，这个威胁会来得这么快、这么剧烈……

第六章

再复长安：挽狂澜于既倒

第一节　吐蕃入寇

吐蕃，是古代藏族在青藏高原建立的政权。吐蕃政权建立的年代为公元633年，吐蕃赞普（藏语，意为有权势的君主，沿用为吐蕃国王的专称）松赞干布迁都逻些，此后吐蕃社会的农牧业生产有了更大的发展，实力日益强大。

作为两个相邻的政权，吐蕃和唐之间的关系纷繁复杂，时战时和。

634年松赞干布遣使与唐修好，唐也派使臣入吐蕃。638年，松赞干布派专使去长安请婚，两年之后又派大臣禄东赞前往长安请婚。唐太宗便以宗室之女文成公主嫁于松赞干布，641年文成公主入吐蕃。松赞干布在世时期，唐蕃之间保持着和平友好的关系，双方使节来往逐年增加。

650年，松赞干布去世，由孙子芒松芒赞继位为赞普。此后随着吐蕃势力的日益扩张，吐蕃和唐之间的矛盾冲突不断发生。668年，吐蕃名将钦陵统兵驻守吐谷浑，以加强对河源地区的控制，并寻机东进。669年，钦陵率军四十万北上，攻略西域，严重威胁唐在西域的统治。

670年四月，唐高宗以左卫大将军薛仁贵为逻娑道行军大总管，右卫员外大将军阿史那道真、左卫将军郭待封为其副，领兵十余万反击吐蕃。钦陵率军二十余万抵御唐军，双方大战于大非川，唐军大败，几乎全军覆没。

676年芒松芒赞去世，尺带珠丹被立为赞普，此后吐蕃发生内乱，实力下滑，再加上与唐朝的连年战争，吐蕃遂希望恢复与唐的和平友好。703年，尺带珠丹遣使献马千匹、金两千两以求婚。707年，唐中宗将金城公主嫁给尺带珠丹，双方恢复和平往来。

714年，双方再起冲突，唐将薛讷、张思礼分别率唐军大破吐蕃军，杀敌数万。728—729年，唐朝张守珪、李祎数次大破吐蕃军，拓地千余里。730年五月，吐蕃向唐朝求和。733年唐蕃双方在赤岭立碑定界，于赤岭、甘松岭互市，并通告各地，双方和好并禁止互相抢掠。

这一次双方的和平局面维持了十年左右，此后战事再起。此时唐朝已经进入了国势最为强盛的开元时期，因此在和吐蕃的战争中屡战屡胜。从742年到754年，在十几年的战争中，高仙芝、哥舒翰、封常清等名将率领唐军屡屡击败吐蕃，不管是在西域地区，还是青藏高原，唐军都已经占有明显的优势。

但是755年安史之乱的爆发改变了这一切，随着西部唐军大规模东调平叛，吐蕃获得了极佳的扩展时机。根据史书记载，"唐自武德以来，开拓边境，地连西域，皆置都督、府、州、县。开元中，置朔方、陇右、河西、安西、北庭诸节度使以统之，岁发山东丁壮为戍卒，缯帛为军资，开屯田，供糗粮，设监牧，畜马牛，军城戍逻，万里相望。及安禄山反，边兵精锐者皆征发入援，谓之行营，所留兵单弱，胡虏稍蚕食之。数年间，西北数十州相继沦没，自凤翔以西，邠州以北，皆为左衽矣。"吐蕃几乎完全占据了西域和河西地区。

后来，著名诗人白居易曾经在《西凉伎》中这样写道：

自从天宝兵戈起，犬戎日夜吞西鄙。

凉州陷来四十年，河陇侵将七千里。

平时安西万里疆，今日边防在凤翔。

曾经强盛无比的大唐，现在在与吐蕃的交锋中已经完全居于劣势。

763年初，持续七年多的安史之乱终于结束，看起来唐朝终于可以缓口气了，但是事情远远没有这么简单，吐蕃不但没有收敛，反而准备发起新的攻势。吐蕃之所以要进攻，一方面是因为七年多的战乱已经耗尽了唐朝的国力，吐蕃也在这个过程中充分认清了唐朝虚弱的本质；另一方面唐朝在这一年内部问题重重，这也给了吐蕃可乘之机。

首先是来瑱之死。

来瑱，出生年份不详，邠州永寿人，史书记载来瑱"少尚名节，慷慨有大志，颇涉书传"。成年之后，来瑱跟随父亲来曜到安西四镇任职十余年。安史之乱爆发后，来瑱被任命为颍川太守，多次击败叛军的进攻，叛军对来瑱非常畏惧，称他为"来嚼铁"。757年，唐肃宗下诏任命来瑱为河南节度使，参加收复两京的作战，来瑱因功被授予开府仪同三司，兼任御史大夫，封爵颍国公。762年九月，唐代宗任命来瑱为兵部尚书、同中书门下平章事。

来瑱为人正直，作战英勇，深得众心，但是也正因如此，来瑱不可避免地会触怒朝中的奸邪小人。起初来瑱在襄阳时，宦官程元振曾经请求他办事，结果被来瑱拒绝，程元振因此忌恨来瑱。唐代宗继位后，程元振大权在握，就经常在唐代宗面前说来瑱的坏话。另一名将领王仲昇与程元振关系很好，便奏称来瑱与叛军合谋，致使自己遭叛军抓获。唐代宗大怒，763年正月，他下诏免除来瑱的官职，贬为播州县尉。当来瑱走到鄠县时，唐代宗再次下诏将他赐死。

其次是李光弼遭受排挤。

在安史之乱的最后两年，李光弼并未参加平叛战争，而是忙于镇压各地的农民起义。安史之乱的发生，一方面使得社会秩序崩坏，另一方面长期战乱也使得民众的负担非常沉重，社会生产遭到严重破坏，民不聊生，因此安史之乱后期各地民变蜂起。从762年至763年四月，经过一年多的艰苦奋战，李光弼先后平定了浙东的袁晁部和歙州的方清部两支起义军，为唐朝的统治稳固立下大功。但是正因为李光弼功劳甚大，所以遭到程元振等人的嫉妒和陷害，李光弼不得不长期驻留徐州，始终不敢返回长安。

程元振以一己之力，谋害来瑱，陷害郭子仪，排挤李光弼，自毁大唐长城，让大唐本就虚弱的国力更加不可挽回，其罪行可谓罄竹难书！

因此，安史之乱刚刚平定之时的唐朝正处于历史上最虚脱的时期：大乱初定，国力衰退，民生凋敝，内无贤臣，外无藩篱。这样一个虚弱的大唐给了吐蕃人一个绝佳的时机，于是吐蕃趁机发兵，大举攻唐。

763年九月，吐蕃军队开始进攻唐朝边境，唐朝守边将领连连向长安告急。但是程元振对于这些奏报毫不在意，他将所有边疆告急的文书全部扣住，不向唐代宗上呈，朝中大臣忌惮程元振的权势，也不敢将此事告诉唐代宗，致使唐代宗对于吐蕃的入侵毫不知情。程元振不但对上蒙蔽君主，对下他也不采取任何的防范措施，致使吐蕃军队长驱直入。

十月，吐蕃军队进攻泾州，泾州刺史高晖自知实力不敌，遂举城投降。高晖不但率众投降，更卑劣的是，他竟然当起了吐蕃军队进攻的向导，成为一名无耻的叛徒。在高晖的带领之下，吐蕃军队的攻势更加具有针对性。很快，吐蕃军队就打到邠州。邠州是连接陇西高原和关中平原的交通咽喉，越过了邠州，就可以沿着泾河顺流而下直取长安。邠州距离长安仅有三百里，吐蕃军队仅需不到十天就可以到达长安城下。

正是因为邠州极为重要的地理位置，所以唐军在这里驻扎有重兵，邠州守军准备和吐蕃军队决一死战。可是叛徒高晖觉得，邠州城高池深，兵精粮足，如果贸然进攻，不但会付出巨大的代价，而且有可能顿兵坚城之下，给唐军以进攻的良机。于是在高晖的建议之下，吐蕃军队绕过邠州城，沿泾河而下，兵锋直指长安。

当吐蕃军队出现在邠州城下的时候，程元振知道消息再也瞒不住了，于是只得向唐代宗告知了吐蕃入侵的消息。得知吐蕃军队已经打到家门口，唐代宗内心极度惊慌，怒不可遏的唐代宗将程元振严厉斥责了一番，然后立刻召集大臣商讨抵御方略。就在唐朝的中央已经乱作一团之时，吐蕃军队先后打到奉天、武功城下，这里距离长安仅有百里之遥，吐蕃军队朝夕之间就可以抵达长安城下。

听闻吐蕃军队已经打到长安城下，长安城内一片大乱，城内的民众不管是富豪还是穷苦百姓，再次开始收拾家当，准备逃离长安城。当初安禄山叛军攻入长安城时烧杀抢掠，长安遭遇空前灾难，这一惨痛的记忆依然萦绕在长安百姓的心头，所以这次听闻吐蕃军队逼近，长安百姓根本不愿意留在长安等死。城内官员虽然暂时还不敢先于皇帝逃离，但是他们也纷纷将家人送出长安避祸。

面对一片乱局，唐代宗首先需要解决的一个问题是，让谁来率军抵御吐蕃呢？此时唐代宗可以指望的人就只有三个：

　　第一，仆固怀恩。作为最后平定安史之乱、诛杀史朝义的大功臣，此时仆固怀恩担任朔方节度使，距离长安最近，他是最理想的主帅人选。所以唐代宗传令仆固怀恩立刻率军进京勤王，但是接到命令之后仆固怀恩并没有马上行动。唐代宗感到非常纳闷，按说获悉吐蕃入侵之后，作为守边大将，仆固怀恩应该主动率军南下阻击，可是他非但不主动出击，而且对朝廷的命令也是置若罔闻，其中具体的原因，等到第二年唐代宗就会明白。

　　第二，李光弼。此时李光弼率军驻扎徐州，虽然距离长安有点远，但是终究是一支强有力的力量。但是在接到朝廷的诏令之后，李光弼也没有立刻动身，反而是找各种理由拖延不去。李光弼之所以对朝廷的命令阳奉阴违，主要还是因为他和程元振之间的矛盾，他担心自己到了长安之后会遭到程元振的暗害，因此才迟迟不愿进军。

　　既然李光弼和仆固怀恩都没法指望，那么唐代宗就只剩下第三个人可以指望，也是最后一个选择——长期赋闲在家的郭子仪。

　　于是，唐代宗下诏，任命雍王李适为关内元帅，郭子仪为关内副元帅，镇守咸阳，阻挡吐蕃军队。

　　自从759年邺城之败后，除了中间曾经短暂出京平定河中兵变外，在长达四年的时间里，郭子仪一直闲居长安，无所事事，中间唐肃宗和唐代宗都曾想起用郭子仪，但是分别因为鱼朝恩和程元振的阻挠而作罢。此次时隔四年重新获得任命，郭子仪感到非常震惊和意外。郭子仪心里明白，当此危难之际，抵御外患、安定人心这一重任，除了自己，恐怕没人敢承担。

既然如此，那就让我来吧！

想要抵御吐蕃，首先自然要有士兵。郭子仪立刻清点手下兵马，结果他得到了一个非常滑稽的数字：二十名骑兵……

曾经统领数十万大军的郭子仪，为什么手下只有这点人马了呢？其实这也不奇怪，在郭子仪卸任朔方节度使后，他手下的朔方军先是归属于李光弼，后来又由仆固怀恩统领，已经脱离郭子仪的管束很久了。再加上郭子仪已经赋闲在家近四年，手下的亲兵部曲也已经逐渐散去，所以此时郭子仪身边仅剩下日常看家护院的二十名骑兵了。但是即便麾下只有这点人，郭子仪依然决定率军出发，他准备先到咸阳，在那里召集唐军士兵，以抵御吐蕃。

到达咸阳之后，郭子仪得到了一个好消息和一个坏消息。

好消息是，吐蕃人狂飙突进了近千里，终于遇到唐军的有力抵抗。渭北行营兵马使吕月将率领两千精兵在盩厔奋勇抵御吐蕃，杀伤吐蕃军队数千人，暂时遏制了吐蕃军队的进攻势头。

坏消息是，吐谷浑、党项、氐、羌等西部各族也纷纷加入了攻唐的吐蕃军队，吐蕃军队的数量暴增到二十余万人，队伍长达数十里。在绝对劣势之下，吕月将毫不畏惧，继续率军抵抗，两千唐军士兵死伤殆尽，吕月将兵败被俘，吐蕃军队攻陷盩厔。攻陷盩厔之后，吐蕃主力部队在司竹园渡过渭水，随后沿着秦岭山脉向东，进逼长安。

听闻这一噩耗之后，郭子仪明白，决定长安命运的最后时刻到了！

第二节　力挽狂澜

想要保住长安，最重要的自然是扩充兵力。郭子仪下令，立刻在咸阳募兵，只要四肢健全、愿意为国家效力的，全部召入军队。此外，郭子仪还做出了一个让所有人都震惊的决定：强取民家畜产以助军！

郭子仪历来以为人宽容谦和著称，他怎么会抢掠民财呢？他的一名下属以为自己听错了，于是问道："大人，您确定是要我们去抢掠民财吗？"

郭子仪面带无奈地答道："你没听错，只管去办吧！"

"可是大人您不是一直教导我们不要伤害百姓，要爱惜民力吗？"

郭子仪叹了口气，回答道："此一时彼一时，现如今陛下和长安城都危在旦夕，已经管不了那么多了。朝廷给不了我们什么援助，如果我们不抢掠民财，我们哪里有钱去招募士兵、筹集粮草军械呢？再说了，今天即使我们不抢，明天吐蕃人来了，百姓的财产依然保不住，还是要被吐蕃人抢走。你给百姓留一纸凭证，就说这些财产算是朝廷向他们暂时借的，等赶走了吐蕃人，朝廷一定会连本带利地还给他们的。"

非常时期，也只能如此了，郭子仪压下心中对百姓的愧疚，脸上多了一丝坚定：只要能有利于国家社稷，骂名我来担！

可是募兵毕竟需要时间，眼下时间不等人，郭子仪一方面抓紧招募士兵，一方面派判官中书舍人王延昌前往长安，希望朝廷能够拨付给自己一点兵马。可是当程元振听到郭子仪的这一要求之后，立刻毫不犹豫地拒绝了，他拒绝的原因很简单：眼下敌人兵临城下，长安城内的兵力，用来自保尚且远远不够，怎么可能会派给郭子仪呢？

当唐代宗和程元振正在长安乱作一团，匆忙组织防御的时候，前方传来消息，吐蕃军队已经越过便桥，距离长安已经咫尺之遥！听闻这一消息，唐代宗和程元振立刻失了方寸，根本不知道如何是好，此时不知道谁说了一句：陛下，还是赶紧离开长安吧！程元振听后立刻附和道："对！对！对！陛下我们还是赶紧走吧！"程元振不待唐代宗发表意见，就立刻拉着唐代宗离开皇宫，随后跳上马车逃往陕州。听闻皇帝已经逃走了，长安城内的官员和百姓也纷纷逃窜，长安守军无心防守，也纷纷逃离长安，整个长安城一片大乱。

听闻皇帝要逃离，郭子仪立刻率军赶往长安，想要保护唐代宗的安全，可是当他赶到长安附近的时候，唐代宗早就已经走远了，就在郭子仪正在思考要不要去追赶唐代宗的时候，他突然看见远处一行人正在向长安进发。此时兵荒马乱，所有人都在忙着逃离长安，怎么会有人反其道而行之，主动前往长安呢？郭子仪感到很纳闷，于是立刻迎上前去。

等走近之后，郭子仪发现来的人是射生将王献忠率领的骑兵四百人，跟随王献忠一起来的还有丰王李珙等十名唐朝宗室王爷。王献忠对于郭子仪毫不在意，骑在马上不愿意下马行礼。郭子仪怒斥道："你一个小小的射生将，见到本王，为何不下马行礼？"王献忠不得已，只得下马行礼，随后王献忠说道："今主上东迁，社稷无主，令公身为元帅，废立在一言耳。"

王献忠的意思是，现在皇帝已经东逃，天下无主，郭子仪身为元帅，废立皇帝，还不是全凭郭子仪的一句话吗？不过眼下吐蕃军队兵临城下，即使新政权建立了，该如何生存呢？这就是王献忠没有明说的另一层意思，新政权自然应当依附于吐蕃人，有强大的吐蕃政权作为靠山，虽然很难夺取天下，但是割据关中还是没有任何问题的。

听到王献忠这一番大逆不道的话，郭子仪气得七窍生烟，一时说不出话来，看到郭子仪不说话，站在一旁的李琪说道："公何不言？"郭子仪立刻怒斥道："你们这些人怎么可以干出这么无君无父、大逆不道的事情来！你们要么是太祖太宗皇帝的子孙，要么是保卫国家的将军，怎么可以助纣为虐，当吐蕃人的走狗！如果你们想投靠吐蕃人，你们自己去好了！"

此时郭子仪真的想杀了王献忠等人，但是他们毕竟有四百骑兵，自己手下的士兵全都是新兵，马也没有几匹，根本不是他们的对手。王献忠也明白郭子仪奈何不了自己，但是他也不敢对这样一位名将下毒手，背上永世骂名，于是说道："道不同不相为谋，既然令公不愿意，那么我们就各走各路吧！"

见王献忠要走，郭子仪说道："人各有志，你要走，我不阻拦，可是你必须把丰王等人留下。他们是太祖太宗皇帝的子孙，是宗室成员，代表着朝廷的体面，绝对不可以和你一起去投敌。我郭子仪虽然年老体衰，可是你若是敢强行带丰王等人投敌，今天便与你鱼死网破！"说罢，郭子仪就拔出佩剑，剑指王献忠，跟随郭子仪的众将士也纷纷刀剑出鞘，做好了战斗准备。

看到郭子仪杀气腾腾的架势，王献忠也不禁被吓住了，虽然自认为实力占优，但是乾坤未定，他也不好和郭子仪硬拼，于是只得讪讪地说道："全听令公吩咐。"随后留下丰王等人，策马而去。

见到王献忠走远，丰王李琪等人立刻拜谢郭子仪，说道："我等绝无反叛朝廷之心，今日之事，我们都是被王献忠胁迫，还望汾阳王明察！"对于李琪的话，郭子仪一时也难以分辨是真是假，不过眼下时间紧迫，他也没有时间追究了，于是派人护送李琪等人前去面见唐代宗。如何处置，就交给皇帝自己吧。

此时唐代宗一行人已经到了华州。这一路上沿途几乎所有的官员都已经四散逃命了，官署里面根本没人，自然就无人供应皇帝一行人的饮食起居，所以皇帝一行人很快就缺衣少食，很多跟着皇帝的官员和士兵饥寒交迫，只得自行寻找食物充饥。幸好驻扎在陕州的观军容使鱼朝恩率领神策军前来迎接唐代宗，唐代宗等人才摆脱了缺衣少食的窘境。

几天之后，丰王李琪等人就在潼关见到了唐代宗。在了解了事情的经过之后，唐代宗并不想处罚李琪等人，因为眼下最要紧的事情是如何赶走吐蕃军队，其他的事情他实在没时间考虑，便挥手让李琪等人退下。可是很快就有人报告，李琪回去之后私下对皇帝出言不逊，有大臣建议应该对李琚进行严惩，本来就心情极差的唐代宗没有做过多调查，就下令赐死李琚。

在处理完王献忠和李琚之后，郭子仪继续收拢兵马，准备集结力量，对吐蕃进行反击，此时前方传来消息：吐蕃军队占领长安。

763年十月下旬，在唐代宗仓皇逃离长安之后不久，吐蕃军队进入长安。和当年攻入长安的安禄山叛军一样，吐蕃军队也在长安城内烧杀抢掠，史书记载，"吐蕃剽掠府库市里，焚闾舍，长安中萧然一空"，很多唐军散兵游勇也趁机作乱，"六军散者所在剽掠，士民避乱，皆入山谷"。

不过吐蕃人并不想就此罢休，他们有着更大的追求，那就是在长安建立一个傀儡政权，和唐朝分庭抗礼，长期统治关中地区。那么立谁来当这个傀儡皇帝呢？吐蕃人选择了广武郡王李承宏。李承宏的祖父是唐高宗和武则天的第二个儿子章怀太子李贤，李贤因为和武则天存在矛盾，最终被武则天逼迫自尽，所以李贤的子孙地位并不算高，李承宏也始终籍籍无名。正因如此，吐蕃人觉得李承宏是可以拉拢的对象，所以立李承宏为皇帝，并任命前翰林学士于可封等人为宰相。

听闻吐蕃人在长安建立政权，郭子仪立刻意识到了其中的危险性。如果吐蕃人只是贪图财物，那么他们将长安抢掠一空之后自然就会退兵，可是他们现在在长安建立政权，就证明他们有久居长安、全面攻占大唐之心。所以必须趁他们在长安立足未稳、根基尚浅时，将他们彻底驱逐。

可是现在最大的问题依然是自己手下没多少兵力可用，于是郭子仪率领此时自己仅有的三千士兵沿着御宿川向东走，沿途收拢唐军溃兵。郭子仪跟下属王延昌说："六军将士逃溃者多在商州，今速往收之，并发武关防兵，数日间，北出蓝田以向长安，吐蕃必遁。"很多唐军士兵都逃到了商州，我们应该立刻到商州去收拢士兵，同时征调驻防武关的部队，而后全军北出蓝田威胁长安，吐蕃人必然逃走。

为什么郭子仪这么有信心呢？原因主要有两点：

第一，武关唐军是长安附近战斗力最强的部队。武关位于今陕西省商洛市丹凤县东武关河的北岸，与函谷关、萧关、大散关并称为"秦之四塞"。武关是陕西东南部的重要门户，是关中地区连通南阳和荆襄地区的交通枢纽。安史之乱时，为了防备叛军由南阳经武关进攻关中，唐朝在武关驻扎有重兵。因此武关守军就成为郭子仪能够调动的最具战斗力的部队。

第二，蓝田重要的地理位置。蓝田，即今陕西蓝田县，这里距离长安不足百里，是长安的东南门户，也是武关通往长安的必经之地。如果郭子仪能够率军占领蓝田，那么将会对长安构成巨大的威胁，即使郭子仪始终固守不出，长安城内的吐蕃人也会寝食难安。如果能够在坚守蓝田的过程中击败吐蕃军队，那么立足未稳的吐蕃人必然会知难而退。

这就是郭子仪计划的主要内容，先收拢力量，然后占据枢纽要地，伺机打击敌人，这正契合了《孙子兵法》中的一句话："昔之善战者，先为不可胜，以待敌之可胜。不可胜在己，可胜在敌。"

计划已定，郭子仪立刻向武关进发。在蓝田附近，郭子仪遇到了元帅都虞候臧希让和凤翔节度使高升，虽然两个人官职都不低，可是手下士兵只有千余人，不过眼下郭子仪可不会嫌弃他们兵少，他急忙带着这支部队向武关进发。在路上郭子仪对王延昌说："溃兵至商州，官吏必逃匿而人乱。"溃兵到了商州，估计当地的官员也不会忠于职守，此时武关必定一片大乱，所以我们必须到那里恢复秩序，一旦武关守军也受他们的影响溃散了，那就糟了。

郭子仪立刻派王延昌快马前往商州。当时商州将领中官职最高的是宝应军使张知节，他带着手下的几百名士兵在商州四处抢掠官吏、商人和百姓的财产。王延昌见到张知节后对他说："将军身掌禁兵，军败而不赴行在，又恣其下掳掠，何所归乎！今郭令公，元帅也，已欲至洛南，将军若整顿士卒，论以祸福，请令公来抚之，图收长安，此则将军非常之功也。"将军统领禁军，当此危难之际，不想着去勤王，反倒在放纵士兵抢掠，将来朝廷怎么可能会饶了你？现在郭令公马上就要到了，如果你能够率军归附郭令公，协助他收复长安，这将是不世之功。两相比较，将军觉得应该怎么办呢？

听到王延昌的话，张知节深感有理，于是立刻约束士兵不得抢掠。在商州的其他唐军将领听说郭子仪马上就要达到商州之后，大喜过望，也纷纷向王延昌表示愿意听从郭子仪号令。郭子仪到达商州之后，立刻整合当地的唐军，再加上从武关赶来的唐军精兵四千人，郭子仪终于有了一支像样的力量。

郭子仪召集全军，他说道："我大唐立国至今已有百余年，这百年时间里，我大唐国力何其壮盛！太宗皇帝之时，我军北击东突厥，俘颉利可汗，西平吐谷浑，拓地千余里；高宗皇帝之时，我军东定高句丽，西灭西突厥，兵锋所指，四夷束手；玄宗皇帝之时，我大唐国威震于殊俗，万国来朝，何其伟哉！可是经安史之乱，我大唐国力疲敝，引得四夷窥伺，昔日臣服于我之吐蕃，竟敢犯上作乱，占我京师，此乃亘古未有之耻辱！我等都是大唐的将士，今日我们要收复长安，证明自己无愧于列祖列宗，无愧于我军昔日的光荣，你们可敢与我共赴国难？"

听完郭子仪这番慷慨激昂的演说，唐军将士无不热血澎湃，高呼万岁！随后郭子仪下令全军开拔，向长安进军。在郭子仪的感召之下，鄜坊节度判官段秀实说服节度使白孝德，一同率军共讨吐蕃，白孝德率军向南与郭子仪会合。

当时关中地区兵荒马乱，官吏四散奔逃，如何解决军队的粮草供应就成了一大难题。为了解决这一问题，郭子仪任命原来在太子身边担任宾客的第五琦为粮料使，负责军队的后勤供应。郭子仪不会想到，他今日提拔的这个人，日后将会对唐朝的财政制度产生深刻影响。

此时唐代宗已经逃到了陕州，他非常担心吐蕃军队会继续向东进攻，在听说郭子仪已经在关中集结了一支部队之后，唐代宗立刻给郭子仪下诏，要求他率军东进，驻防潼关，防备吐蕃人。面对唐代宗的命令，一向对皇帝的命令言听计从的郭子仪却出人意料地加以拒绝，他对唐代宗回复道："臣不收京城无以见陛下，若出兵蓝田，虏必不敢东向。"随后郭子仪详细向唐代宗说明了自己的战略以及当前收复京师的重要性，唐代宗表示同意。

国难当头，不顾自身安危，想着为国纾难的不止郭子仪一人。在吐蕃军队占领长安之后，本来只是一介书生的光禄卿殷仲卿也在蓝田募兵，逐渐聚集了千余人守卫蓝田，保住了这一战略要地。郭子仪到达蓝田后与殷仲卿会合，共谋长安。

此时吐蕃军队虽然占领长安，拥立新君，看起来是取得了辉煌的胜利，但是实际上他们的日子并不好过，原因很简单：缺乏粮食。经过安史之乱的摧残之后，关中地区民生凋敝，经济发展受到严重打击，再加上吐蕃军队到达前，长安官吏和百姓已经开始四散奔逃，所以吐蕃军队根本征收不到多少粮食。吐蕃军队多达二十余万，每日消耗的粮食数量非常庞大，所以刚刚占领长安没几天，吐蕃军队的粮仓就见底了。

吐蕃赞普思虑再三，不得不让大部队西归，以减少长安的后勤压力，虽然自己万般舍不得长安这座大都市，但是也只能如此。在他的命令之下，吐蕃军队收拢俘获的唐朝官吏、妇女、工匠和无数的财物，带着这些战利品离开长安。

吐蕃人的行动并没有让郭子仪感到意外，自己这点人尚且没有多少吃的，更何况是二十万人的吐蕃军队？可是眼下郭子仪需要解决一个难题，那就是如何让吐蕃人全师而退，因为吐蕃人哪怕是只留下十分之一的军队防守长安，郭子仪也是绝对打不过的。那么怎么才能让吐蕃人全师而退呢？郭子仪思忖许久，最终想出一个办法：攻心为上。要让吐蕃人恐惧，要让他们觉得自己如果留下小部队防守，那将会是螳臂当车，自取灭亡，只有这样吐蕃人才会全师而退。

于是，郭子仪先命令左羽林大将军长孙全绪率领两百名骑兵担任侦察部队，到长安附近窥探吐蕃军队的行动，宝应军使张知节率领主力部队万余人紧随长孙全绪之后，伺机行动。长孙全绪率军到达韩公堆，他命令士兵白天广设旗帜、擂响战鼓，战鼓之声响彻山谷；晚上则燃起无数的篝火，火光映红了天空，以此营造出唐军大队人马已经赶到的假象。

长孙全绪又派遣射生将王甫秘密潜入长安城，作为内应。王甫进入长安之后，集合了长安城内数百名有勇有谋的少年豪侠，到了晚上他们来到长安最重要的街道朱雀大街上，擂响战鼓，同时大呼："王师至！"留守长安的吐蕃军队听说唐军已经打进长安城了，惶恐不安，他们向长安百姓打听唐军的情况，老百姓诓骗他们道："郭令公自商州将大军不知其数至矣！"听闻这一消息吐蕃人再也不敢停留，迅速撤出了长安。

至此，吐蕃军队对长安的占领宣告结束，前后仅持续了十五天。

吐蕃军队撤退的时候，毫不犹豫地抛弃了高晖和李承宏这两名唐朝叛徒，于是二人只能自求生路。高晖的反应比较令人困惑，他没有向西逃往吐蕃，反而是率领三百名骑兵向东逃走，具体原因史书中并没有留下记载。当高晖逃至潼关时，被守将李日城擒获并斩杀。李承宏逃离长安，藏匿于荒野之中，但是依然被抓获，郭子仪将其交给唐代宗处置。唐代宗并没有杀死李承宏，只是下令将其流放到华州，没过多久李承宏就死在了那里。

郭子仪率军进入长安之后，命令大将李忠义先屯兵苑中，渭北节度使王仲升守朝堂，稳定长安城内秩序。郭子仪则率领主力部队继续西进，严防吐蕃军队突然杀一个回马枪。郭子仪率军一直到达浐河以西，这才确认吐蕃军队确实已经撤走。此时长安传来消息：城内爆发内乱！

在收复长安的过程中，王甫立下大功，因此居功自傲，目中无人。在听闻郭子仪率领主力部队离开长安西进之后，王甫便图谋趁机作乱。他率领两千余名士兵占领长安城内主要官署，自行委派官吏，他还任命自己为京兆尹，俨然把自己当作长安之主。此外，他还放纵士兵在长安城内为非作歹，肆意妄为，把长安城搞得乌烟瘴气。

听闻此事后，郭子仪立刻率军返回长安。王甫率军在长安城内结成军阵，严阵以待，迎战郭子仪。部下都劝说郭子仪不要轻易进城，谨防王甫在城中设有埋伏，但是郭子仪毫无惧色，仅仅带领三十名骑兵慢悠悠地进入长安城。进城之后，郭子仪立刻命人传召王甫前来拜见，王甫完全没想到郭子仪竟然敢进城，仓促之间完全不知所措，只得出来拜迎郭子仪。郭子仪见到王甫，反客为主，立刻命令左右将王甫拿下，然后将其斩首示众，跟随王甫作乱的士兵也随之作鸟兽散。当时鄜坊节度使白孝德和邠宁节度使张蕴琦率军到达长安附近，郭子仪命这两人率军进入长安驻防，以稳定长安城内秩序。

收复长安之后，郭子仪上书唐代宗，禀告收复长安的详情，唐代宗任命郭子仪为西京留守，全权负责长安事务。在郭子仪的建议下，唐代宗任命元载为元帅行军司马，第五琦为京兆尹，负责管理长安。在郭子仪等人的共同努力之下，长安城内很快就恢复了秩序，逃亡的百姓也纷纷回到了长安。

第三节　绘像凌烟阁

此次吐蕃攻陷长安，唐代宗狼狈东逃，最大的责任人自然是程元振，所以长安失陷后，程元振迅速被千夫所指，百官都归罪于程元振，多次弹劾他，长安百姓更是对他恨之入骨。郭子仪担任西京留守之后，程元振更加不敢回长安了，于是他劝说唐代宗干脆就把洛阳作为首都，以后就不要回长安了。因为长安临近吐蕃，唐代宗也担心今后吐蕃会继续进攻长安，所以他也不愿意返回长安，于是就答应了程元振的请求。

听闻此事后，郭子仪立刻上书表示反对，这篇奏疏大体可以分为三个部分。

郭子仪写道：

> 臣闻雍州之地，古称天府，右探陇、蜀，左扼崤、函，前有终南、太华之险，后有清渭、浊河之固，神明之奥，王者所都。地方数千里，带甲十余万，兵强士勇，雄视八方，

有利则出攻，无利则入守。此用武之国，非诸夏所同，秦、汉因之，卒成帝业。其后或处之而泰，去之而亡，前史所书，不唯一姓。及隋氏季末，炀帝南迁，河、洛丘墟，兵戈乱起。高祖唱义，亦先入关，惟能剪灭奸雄，底定区宇。以至于太宗、高宗之盛，中宗、玄宗之明，多在秦川，鲜居东洛。间者羯胡构乱，九服分崩，河北、河南，尽从逆命。然而先帝仗朔方之众，庆绪奔亡；陛下藉西土之师，朝义就戮。岂唯天道助顺，抑亦地形使然，此陛下所知，非臣饰说。

在这一部分，郭子仪先是论述了关中地区优越的地理条件和战略价值，所以秦朝、汉朝和唐朝才能够以关中作为根据地，进而一统天下。安史之乱之所以能够最终平定，也是因为唐肃宗凭借朔方军先收复长安，然后以关中为根据地最终克复中原。

郭子仪又写道：

近因吐蕃凌逼，銮驾东巡。盖以六军之兵，素非精练，皆市肆屠沽之人，务挂虚名，苟避征赋，及驱以就战，百无一堪。亦有潜输货财，因以求免。又中官掩蔽，庶政多荒。遂令陛下振荡不安，退居陕服。斯盖关于委任失所，岂可谓秦地非良者哉！今道路云云，不知信否，咸谓陛下已有成命，将幸洛都。臣熟思其端，未见其利。夫以东周之地，久陷贼中，宫室焚烧，十不存一。百曹荒废，曾无尺椽，中间畿内，不满千户。井邑榛荆，豺狼所嗥，既乏军储，又鲜人力，东至郑、汴，达于徐方，北自覃怀，经于相土，人烟断绝，千里萧条。将何以奉万乘之牲饩，供百官之次舍？矧其土地狭厄，才数百里间，东有成皋，南有二室，险不足恃，适为战场。陛下奈何弃久安之势，从至危之策，忽社稷之计，生天下之心。臣虽至愚，窃为陛下不取。

在这一部分，郭子仪先是论述了此战失败的原因。最主要的原因是驻守长安的部队只是些疏于训练、毫无战斗力的乌合之众，再加上朝中宦官专权、政务荒废，所以才让吐蕃军队攻入长安。因此此战的失利，并不能说明长安和关中已经丧失了原有的优势。在安史之乱中，中原地区是主战场，那里早已民生凋敝，经济破败，十分萧条，根本无法满足朝廷的开支用度。此外中原四战之地，一马平川，易攻难守，所以绝对不可以建都中原。

最后一部分，郭子仪写道：

且圣旨所虑，岂不以京畿新遭剽掠，田野空虚，恐粮食不充，国用有阙，以臣所见，深谓不然。昔卫文公小国之君，诸侯之主耳，遭懿公为狄所灭，始庐于曹，衣大布之衣，冠大帛之冠，元年革车三十乘，季年三百乘，卒能恢复旧业，享无疆之休。况明明天子，躬俭节用，苟能黜素餐之吏，去冗食之官，抑竖刁、易牙之权，任蘧瑗、史鳍之直，薄征弛力，恤隐追鳏，委诸相以简贤任能，付老臣以练兵御侮，则黎元自理，寇盗自平，中兴之功，旬月可冀，卜年之期，永永无极矣。愿时迈顺动，回銮上都，再造邦家，唯新庶政，奉宗庙以修荐享，谒陵寝以崇孝思，臣虽陨越，死无所恨。

在这一部分，郭子仪先是说出了皇帝的担心，也是给皇帝一个台阶下。皇帝之所以想迁都洛阳，一个很重要的原因是担心长安缺乏粮食，难以满足朝廷用度，但是在郭子仪看来这并不是什么大问题。接着郭子仪讲述了一个历史上的故事。

春秋时期，卫国国君卫懿公在位时，终日只知奢侈淫乐，喜好养鹤，竟赐给鹤官位和俸禄，因此招致臣民怨恨。公元前660年，赤狄攻打卫国，卫懿公兵败被杀。后来卫文公继位，当时卫国形势极为艰难，国家匮乏，卫文公减轻赋税，慎用刑罚，勤俭节约，与百姓共历艰辛，卫国国力逐渐恢复。卫文公在位初期，战车只有三十辆，三年后就增加至三百辆战车。最终卫国重新成为有影响力的国家。

在郭子仪看来，卫文公这样一个小国国君尚且能够励精图治，重振国家，何况是大唐这样的大国呢？只要皇帝能够勤俭节约，黜退奸佞，任用贤良，励精图治，那么想要再造国家，建立中兴之功，就并不是什么难以企及的目标。

在这封奏疏之中，郭子仪不仅仅论述了继续定都长安的必要性，更重要的是他希望唐代宗能够振作起来，重振国力，让大唐恢复中兴。其煌煌赤子之心，可见一斑。唐代宗看完这封奏疏之后非常感动，他流着泪对左右之人说道："子仪用心，真社稷臣也，可亟还京师。"

763年十二月初，唐代宗的车驾终于回到长安，郭子仪率领长安城中的官员和士兵在浐水以东迎接皇帝。唐代宗对郭子仪动情地说道："朕用卿不早，故及于此。"代宗终于意识到，如果能够早些重用郭子仪，绝对不会走到今天的地步。随后唐代宗下诏，赐郭子仪铁券，绘像凌烟阁。

铁券是一种外形如瓦筒，两面阴刻有文字的铁制器物，是君主颁赐给功臣及其后代的一种互为誓言约定的凭证。最早关于铁券的记载是汉高祖十二年（公元前195年）的"丹书铁契"，铁券以铁为契，用丹色颜料在其上书写誓言，但券文中并没有明确刻写免罪与免死的条文。魏晋南北朝时期，天下纷争，铁券成为大臣与统治者间互相取信的重要信物，这一过程还增加了铁券最重要的一个现实功能——免罪、免死，故后世常称其为"免死铁券"。

绘像凌烟阁则起源于唐太宗时期。贞观十七年（643年）二月，李世民怀念往事，追想当年金戈铁马气吞万里的战斗岁月，命令著名画家阎立本为二十四名功臣绘制画像，然后将画像藏于宫内的凌烟阁，以为人臣荣耀之最，这就是著名的凌烟阁二十四功臣。此后绘像凌烟阁便成为唐代豪杰报国的最高追求，也成为历朝历代人臣功勋卓著、流芳千古的象征。唐代诗人李贺《南园十三首》有诗云："男儿何不带吴钩，收取关山五十州。请君暂上凌烟阁，若个书生万户侯？"

赐郭子仪铁券，并绘像凌烟阁，唐代宗想以此彰显自己对郭子仪的肯定，同时也激励其他朝臣。对于皇帝的封赏，郭子仪自然是千恩万谢，但是郭子仪的亲信对此不以为然，原因很简单，郭子仪现在所受的封赏，李光弼早就已经享受到了。

安史之乱结束后，朝廷认为李光弼"战功推为中兴第一"，于是唐代宗下诏增李光弼实封食邑至二千户，授其一子为三品官，又赐铁券，"名藏太庙"，绘像于凌烟阁。对于朝廷对李光弼的厚赏，郭子仪的亲信都愤愤不平，在他们看来郭子仪才应该是平灭安史之乱的第一功臣，是郭子仪帮助朝廷度过了安史之乱初期那段最艰难的时光，如果安史之乱后期郭子仪能够有机会重回战场，那么立下的战功绝对高于李光弼。

对于谁应该是"中兴第一功臣"的争论，郭子仪并不感兴趣，眼下大乱初定，内忧外患仍未平息，哪有精力去计较个人得失，如何重振朝纲、抵御外患，才是眼下最要紧的事情。那么如何才能重振朝纲呢？最重要的就是铲除奸佞，而朝中最大的奸臣自然非程元振莫属。庆父不死，鲁难未已，程元振不除，朝政就无法从根本上好转。但是程元振控制朝政，只手遮天，想除掉他谈何容易？

就在此时，有一个人挺身而出，仗义执言，他就是太常博士、翰林待诏柳伉。柳伉向唐代宗进谏道：

> 犬戎犯关度陇，不血刃而入京师，劫宫闱，焚陵寝，武士无一人力战者，此将帅叛陛下也。陛下疏元功，委近习，日引月长，以成大祸，群臣在廷，无一人犯颜回虑者，此公

卿叛陛下也。陛下始出都，百姓填然，夺府库，相杀戮，此三辅叛陛下也。自十月朔召诸道兵，尽四十日，无只轮入关，此四方叛陛下也。内外离叛，陛下以今日之势为安邪，危邪？若以为危，岂得高枕，不为天下讨罪人乎！臣闻良医疗疾，当病饮药，药不当病，犹无益也。陛下视今日之病，何繇至此乎？必欲存宗庙社稷，独斩元振首，驰告天下，悉出内使隶诸州，持神策兵付大臣，然后削尊号，下诏引咎，曰：'天下其许朕自新改过，宜即募士西赴朝廷；若以朕恶未悛，则帝王大器，敢妨圣贤，其听天下所往。'如此，而兵不至，人不感，天下不服，臣请阖门寸斩以谢陛下。

柳伉的意思是，吐蕃、党项军队数万入关度陇，历秦、渭，掠邠、泾，兵不血刃而入长安。在敌人入侵的危急关头，朝廷内部谋臣一言不发，武将不肯出战，三辅百姓也不愿护卫朝廷，四方内外皆与皇帝离心离德，究其原因，是皇帝疏远贤良，专宠宦官的结果。为挽救社稷，皇帝应该立斩程元振，自己削尊号，下诏引咎，率德励行，如此天下人必服。

柳伉的这封奏疏，针砭时弊，言语犀利，句句如刀，可以与后世明朝海瑞的《治安疏》相提并论，所以马上就得到了朝中的广泛响应。唐代宗阅罢，不肯斩程元振，只下令尽削他的官，放归田里。

程元振被迫回到了他在三原的老家。763年十二月，程元振听说皇帝回到了在长安的皇宫，于是他穿着妇女的衣服，偷偷潜入长安，希望能够见到唐代宗，继续受到重用，结果他被京兆府抓获。764年正月，唐代宗以"变服潜行，将图不轨"的罪名，下令将程元振流放溱州。但是唐代宗终究还是不想让自己的宠臣长期居住在穷山恶水，不久之后就下令将程元振迁居到江陵，由当地官府安置。不过好在到最后唐代宗也没有将程元振召回长安，一代权宦的政治生命自此结束。

听闻程元振终于被贬出长安，郭子仪非常高兴，因此764年的这个春节，郭子仪格外开心。在春节的爆竹声中，有一个人来到郭子仪的府上，这个人就是第五琦。在被郭子仪推荐成为京兆尹之后，因为在抵御吐蕃中的贡献，第五琦又被加封户部侍郎判度支，兼任铸钱、盐铁、转运、常平等使，积功加封为扶风郡公，可谓平步青云。第五琦对于当初郭子仪的举荐非常感激，所以特地前来道谢，同时也是为了道别，因为皇帝派他去开决汴河，所以他不日就要离京。

在临别之际，第五琦问道："此行令公有什么吩咐吗？"

郭子仪说道："财政赋税，事关国家命脉。当今天下多事，朝廷府库是否充盈，至为重要，所以你身上的担子很重。现今百姓生活困苦，但是国家又需要大量钱财，如何能够既不过度盘剥百姓，又能尽可能满足国家财政需要，这是个难题。我年老愚钝，实在是想不出解决的办法，还希望你能够想出个两全之策。"

第五琦重重点了一下头，说道："第五琦领命，定不让令公失望。"

此后，第五琦主要采取了两项措施：

第一，榷盐法。唐前期的盐业呈现公营私营并存的格局。为了增加财政收入，第五琦制定榷盐法，规定盐业生产由国家垄断经营，凡产盐之地，均设盐官。生产盐的盐户称亭户，国家免去亭户的徭役，所产的盐均由官府收购、运销，不准私人买卖。第五琦的这一措施曾取得了比较理想的效果，仅仅推行了一年，便为朝廷增加了四十万贯的财政收入，对于缓解财政危机起了很大作用。

第二，两税法。唐初征收赋税实行租庸调制，以人丁为依据，后来土地逐步兼并，失去土地而逃亡的农民增多，于是政府往往责成邻里代纳租庸调，结果迫使更多的农民逃亡，租庸调制的维持已经十分困难。769年，在第五琦的建议下，京兆府的税收分夏秋两次征收，并且按田地面积和质量征税，由此实现了由按人丁征税向按土地征税的转变。这种税收制度后来演变为"两税法"，"两税法"颁布以后大大增加了唐朝政府的财政收入，也对后世的财政税收制度产生了深刻影响。

经过安史之乱之后，唐朝国力大损，而其之所以还能够再维系统治达百余年，第五琦可谓功不可没，这也是郭子仪对唐朝的贡献之一。

第七章 老骥伏枥：肯将衰朽惜残年

第一节 仆固怀恩叛乱

常言道，一波未平一波又起，唐朝刚刚"送走"了吐蕃大军，一场更大的变乱即将到来，这场变乱的主角，就是之前占据朔方，但是迟迟不愿增援长安的仆固怀恩。

作为最后消灭史朝义的唐军将领，在平定安史之乱的过程中，仆固怀恩可谓厥功甚伟，他的功劳仅次于郭子仪和李光弼。对于仆固怀恩，朝廷给予了他极高的封赏，先是封仆固怀恩为大宁郡王、御史大夫、朔方节度使，后来又任命仆固怀恩为河北副元帅、尚书左仆射、兼中书令、灵州大都督府长史、单于镇北大都护、朔方节度使、太子少师，食实封一千五百户。拥有这么多的头衔，仆固怀恩可谓荣耀无比，他的威名甚至已经超过了郭子仪。

但是，就是在这样的情况下，仆固怀恩依然起兵叛乱，这是为什么呢？关于仆固怀恩叛乱的导火索，史书中是这样记载的。

763年五月，随着安史之乱的结束，帮助唐朝平乱的回纥军队自然也要打道回府。当初是仆固怀恩出使回纥，才让回纥可汗出兵帮助唐朝，于是在回纥可汗返回的时候，唐代宗自然也命令仆固怀恩前去相送，于是仆固怀恩亲自把回纥军队送到塞外。当时的河东节度使是辛云京，或许是因为之前回纥人在中原烧杀抢掠，所以他对于回纥人非常提防。辛云京看到仆固怀恩和回纥可汗关系极为亲密，所以非常担心仆固怀恩会勾结回纥人袭击太原，因此当仆固怀恩和回纥军队经过太原时，辛云京下令关闭城门，不许仆固怀恩和回纥军队进城，也拒绝给回纥军队提供任何补给。仆固怀恩非常生气，遂将此事上报朝廷，但是朝廷没给辛云京任何处分。

宦官骆奉先经过太原，辛云京就对骆奉先说，仆固怀恩要联合回纥人谋反，骆奉先信以为真，因此惊惧万分。后来，骆奉先到仆固怀恩的驻地，仆固怀恩请骆奉先喝酒，酒宴上仆固怀恩的母亲知道了辛云京对骆奉先说的话，于是生气地说："尔等与我儿约为兄弟，今又亲云京，何两面乎？虽然，前事勿论，自今母子兄弟如初。"你本来和我儿子是结拜兄弟，为什么又要去亲近辛云京？不过事情已经过去了，从今天开始，你们还是好兄弟。

酒宴过后，骆奉先向仆固怀恩告辞，仆固怀恩说："过几天就是端午节了，过完节再走吧。"骆奉先坚持要走，仆固怀恩为了留住骆奉先，就把骆奉先的马藏起来了。骆奉先惊恐地对属下说："向者责吾，又收吾马，是将害我也。"之前责备我，现在又把我的马收走了，这是要谋害我啊！于是骆奉先赶紧翻墙逃走了。仆固怀恩知道后，立刻派人追上了骆奉先，把马还给了他。结果骆奉先回到了长安，立刻上奏唐代宗，表示仆固怀恩要谋反了。

仆固怀恩知道此事后，怒不可遏，立刻上书唐代宗，要求诛杀辛云京和骆奉先。因为辛云京也是安史之乱的平叛功臣，所以唐代宗并不想杀辛云京，只是下诏让两人和解。仆固怀恩因此非常愤怒。

事情发展到这里，其实一切都还不算出格，都还在大臣之间普通的倾轧、斗争范围之内，但是唐代宗接下来做的两件事，彻底逼反了仆固怀恩。

第一，对仆固怀恩明升暗降。在仆固怀恩与辛云京的恩怨发生之后不久，唐代宗就下诏，将仆固怀恩晋升为太保，加实封五百户，赐铁券，以名藏太庙，画像于凌烟阁，但是免去了仆固怀恩最重要的官职——朔方节度使。太保为正一品高官，是当时品级最高的官职之一，但是没有任何实际权力，一般只是用来奖励年老又功勋卓著的大臣。所以唐代宗将仆固怀恩提升为太保，这是典型的明升暗降。

作为补偿，唐代宗任命仆固怀恩的儿子仆固玚为御史大夫、朔方节度使。但是这丝毫没有打消仆固怀恩心中的忧虑，因为皇帝今天可以免去自己官职，明天就可以罢免仆固玚，后天就有可能会取自己的性命。由此，仆固怀恩陷入了深深的恐惧之中。

第二，征召仆固怀恩入朝。

　　为了更好地了解仆固怀恩的下一步动作，763年九月，唐代宗派黄门侍郎裴遵庆前往汾州，宣旨抚慰仆固怀恩，并征召仆固怀恩入朝。裴遵庆到了汾州之后，仆固怀恩抱着裴遵庆的腿号啕大哭，哭诉自己被奸人陷害，以致遭到了皇帝的误解。裴遵庆趁机建议仆固怀恩入朝，到长安觐见唐代宗，以表明自己的清白，仆固怀恩答应了。

　　但是随后副将范志诚劝说仆固怀恩："公以谗言交构，有功高不赏之惧，嫌隙已成，奈何入不测之朝？公不见来瑱、李光弼之事乎！功成而不见容，二臣以走、诛。"意为将军您功高震主，又遭到小人谗言，这时候入朝会发生什么，谁都不知道。您难道忘了来瑱当年是怎么死的吗？忘了李光弼为什么滞留徐州，不敢入朝吗？仆固怀恩觉得此言有理，于是建议可不可以派一个儿子入朝，也遭到了范志诚的反对，此事遂作罢。

　　唐代宗对仆固怀恩的明升暗降和征召入朝表明了一件事情：那就是对于辛云京和骆奉先的奏报，唐代宗确实信以为真，他真的认为仆固怀恩有可能造反，所以才采取种种措施防范仆固怀恩。

　　对于皇帝的用意，仆固怀恩自然再清楚不过，他的内心感到极度的愤怒和悲凉，他认为自己"一门之内死王事者四十六人，女嫁绝域，再收两京，皆导引回纥，摧灭强敌"，对朝廷立有大功，皇帝怎么可以猜疑自己！于是仆固怀恩向皇帝上了一份奏疏，以表达自己心中的不满。

　　在奏疏的开头，仆固怀恩先回顾了自己为国奋战、满门忠烈的故事。他写道：

"臣谬承大行皇帝委任，授以兵权，誓雪国仇，以匡时难。阖门忠烈，咸愿杀身，野战攻城，皆先士卒。兄弟死于阵敌，子侄没于军前，九族之亲，十不存一，纵有在者，疮痍遍身。"

随后，仆固怀恩又对辛云京和骆奉先的诬告进行了解释，他写道：

"臣自平贼却回，天恩又令饯送，臣遂罄竭家产，为国周旋，发遣外蕃，贵图上道。行至山北，被奉先、云京共生异见，妄作加诸，闭城不出祗迎，仍令潜行窃盗。蕃夷怨怒，早欲相仇，臣遂弥缝，方得出界。"

当时陛下命他送回纥人离开，他耗尽家财，才把他们送走，结果辛云京闭门不纳，回纥人非常愤怒，要不是他从中周旋，肯定要出大事。

接下来，仆固怀恩对朝中小人进谗、蒙蔽圣听、陷害忠良的行为进行了揭露：

"顷者来瑱受诛，朝廷不示其罪，天下忠义，从此生疑。况来瑱功业素高，人多所忌，不审圣衷独断，复为奸臣弄权？臣欲入朝，恐罹斯祸，诸道节度使皆惧，非臣独敢如此。近闻追诏数人，并皆不至，实畏中官谗口，又惧陛下损伤，岂唯是臣不忠，只为回邪在侧。"

最后，仆固怀恩更是对皇帝进行了直接的批判：

> "臣朔方将士，功效最高，为先帝中兴主人，是陛下蒙尘故吏，曾不别加优奖，却信嫉妒谤词，子仪先已被猜，臣今又遭毁黩。弓藏鸟尽，兔死犬烹，臣昔谓非，今方知实。"

朔方军本来功劳最大，结果陛下不但不加以褒奖，反而听信谗言，前有郭子仪被猜忌，现在我又被陷害，鸟尽弓藏的道理，我现在算是明白了！

在奏疏的结尾，仆固怀恩更是对皇帝提出了赤裸裸的威胁：

> "陛下若不纳愚恳，且责因循，臣实不敢保家，陛下岂能安国！"

陛下如果还是贤愚不分，不纳忠言，那么我的小家如果保不住，陛下的国家又能安稳吗？

这样一封杀气腾腾的奏疏一经送出，仆固怀恩明白，自己和皇帝的关系不可能好转了，自己终究不可能获得皇帝的信任。与其苟延残喘，坐以待毙，不如干脆就真的造反！

做出决定之后，764年正月，仆固怀恩联合河东都将李竭诚，试图里应外合，偷袭辛云京占据的太原。结果计划泄露，辛云京立刻斩杀了李竭诚，而后严加设防。仆固怀恩派自己的儿子仆固玚率军进攻太原，辛云京率军出城迎战，大败仆固玚，仆固怀恩转而派仆固玚进攻榆次。

以上就是史书中记载的仆固怀恩起兵叛乱的全过程。仆固怀恩之所以会叛乱，归根结底还是两个原因：

第一，朝中宦官集团的打压。宦官集团多为宵小之辈，他们嫉贤妒能，打压异己，给朝政带来了极为恶劣的影响。郭子仪、李光弼、来瑱这些忠臣良将，都成了宦官集团打压的对象，作为战功卓著的名将，仆固怀恩自然也不能幸免。

第二，皇帝的不信任。宦官集团对功臣宿将的打压之所以能够成功，有一个重要的前提条件是，皇帝确实相信这些将领成了朝廷的巨大威胁。在安史之乱爆发后，皇帝对于前方统兵大将的信任程度越来越低。在叛乱未平定时，皇帝需要倚仗他们平叛，所以对这些将领还能保持容忍。可是叛乱平定后，鸟尽弓藏，为了防止下一个安禄山的出现，皇帝打压功臣就成为不可避免的事情。

第二节　汾州平乱

听闻仆固怀恩已经叛乱，唐代宗非常惊慌，因为仆固怀恩强悍的战斗力天下无人不知，并且他率军驻扎在汾州，距离长安咫尺之遥，他如果挥师直取长安，那可就麻烦了，于是他招来颜真卿商议对策。对此颜真卿给的建议是："陛下不若以郭子仪代怀恩，可不战而服也。"

此时，汾州别驾李抱真听闻仆固怀恩叛乱，急忙逃出汾州前往长安。唐代宗召见李抱真，问他有什么对策，李抱真说道："此不足忧也。朔方将士思郭子仪，如子弟之思父兄。怀恩欺其众云'郭子仪已为鱼朝恩所杀'，众信之，故为其用耳。陛下诚以子仪领朔方，彼皆不召而来耳。"在李抱真看来，众将士之所以跟着仆固怀恩叛乱，是因为仆固怀恩骗他们说郭子仪已经被鱼朝恩害死了，只要朝廷能够任命郭子仪为朔方节度使前往平叛，这些将士自然都会投奔郭子仪。

颜真卿和李抱真之所以不约而同地都建议唐代宗起用郭子仪平叛，最主要的原因自然是郭子仪是仆固怀恩统领的朔方军的老领导。虽然郭子仪已经离开朔方军多年了，但是现在朔方军中的很多将领都是当年郭子仪提拔的，郭子仪在朔方军中依然有着巨大的影响力。此外郭子仪为人宽厚，治军宽和，这种风格也深受朔方军将士的喜爱，而且他们对于郭子仪十分信任，更容易开展工作。

于是，唐代宗立刻召见郭子仪。见到郭子仪后，唐代宗说道："怀恩父子负朕实深。闻朔方将士思公如枯旱之望雨，公为朕镇抚河东，汾上之师必不为变。"他认为仆固怀恩父子实在是愧对自己的信任，而前方朔方军将士一直盼着郭子仪回到那里，只要郭子仪愿意前往河东，汾州的唐军必定不会发生变乱。

随后唐代宗任命郭子仪为关内、河东副元帅，河中节度使，前往汾州平定叛乱。

对于仆固怀恩的叛乱，郭子仪内心感到非常痛心。早在担任朔方节度使的时候，仆固怀恩就是自己的部将，他对仆固怀恩实在是太了解了。虽然仆固怀恩桀骜不驯、难以管教，但是说仆固怀恩要背叛朝廷，郭子仪是绝对不会相信的。在平定安史之乱的过程中，仆固怀恩抛家舍业、为国奋战，这充分证明了他的忠心。仆固怀恩之所以叛乱，纯粹是被朝中宵小之辈逼迫，眼下朝政混乱、小人当道，作为统兵大将，仆固怀恩怎么可能独善其身呢？

想到这里，郭子仪不禁长叹一口气。虽然自己明白仆固怀恩的苦衷，但是仆固怀恩毕竟还是起兵叛乱了，自己作为朝中大臣不可能坐视不管，既然皇帝有命，那么自己就必须承担起平叛的重任。

仆固怀恩，你不要怨我……

驻扎在汾州的仆固怀恩部众听说朝廷派郭子仪前来平叛，纷纷说道：“吾辈从怀恩为不义，何面目见汾阳王！”就这样，郭子仪人还没到汾州，仆固怀恩部的军心士气就泄了一大半。

764年二月，郭子仪到达河中，随后着手平乱。郭子仪本来打算就近调动河中的士兵前去平乱，但是到了河中之后，郭子仪发现河中军队存在很多的问题。其中最大的问题是，河中唐军中有一支来自云南的部队，大约一万人，这支部队的将领贪婪、士兵残暴，给当地百姓带来了巨大的灾难。郭子仪听闻此事后，立刻施展雷霆手段，命人将为首的人全部抓起来，随后郭子仪将其中的十四人斩首，三十人杖责。在郭子仪的铁腕治理之下，这支部队上下噤若寒蝉，再也不敢危害百姓。

　　就在郭子仪已经动身平乱的时候，仆固怀恩这边的进展却并不顺利。他派自己的儿子仆固玚进攻榆次，结果打了十几天，依然没法攻陷榆次，于是仆固玚征调在祁县的部队前来增援。因为仆固玚的军令过于急迫，所以祁县的部队连饭都没吃，就不得不立刻动身出发。在行军的路上，两名下级军官白玉、焦晖为了督促全军加快速度，就用箭射落在后面的士兵。士兵惊恐地问道："你为什么要射我们？"对此白玉回答："今从人反，终不免死；死一也，射之何伤！"我们这些造反的人终究是要死的，射伤又有什么关系呢？

　　到了榆次城下之后，仆固玚果然责备他们来得太晚了，于是军中的胡人说道："是那些汉军士卒拖慢了行军的速度。"于是仆固玚愤怒地殴打了一些汉军士兵。仆固玚的行为引发了汉军士兵的广泛不满，他们认为仆固玚亲近胡人，歧视汉人。白玉和焦晖利用了士兵的不满心理，于当晚率军袭击仆固玚的营帐，将其杀死。

　　听闻仆固玚的死讯，仆固怀恩犹如五雷轰顶，仆固玚作战勇猛，是他最信任的儿子，随着仆固玚的死，自己失去了最重要的臂膀。在将此事告诉了自己的母亲之后，仆固怀恩的母亲责备他道："吾语汝勿反，国家待汝不薄，今众心既变，祸必及我，将如之何？"国家待你不薄，我早就劝过你不要谋反，现在事情成了这个样子，必定会牵连到我，到时候可怎么办啊？仆固怀恩无言以对，只得拜别母亲，结果他的母亲拿着刀就从后面追上来，边追边骂道："吾为国家杀此贼，取其心以谢三军。"仆固怀恩只得狼狈逃离。

儿子意外身亡，部众士气低落，自己现在又遭到母亲的竭力反对，仆固怀恩此时可谓众叛亲离，他明白自己已经没有抵挡郭子仪的资本了，于是仆固怀恩率领三百名骑兵仓皇逃离汾州，逃往灵武。

仆固怀恩逃离汾州，郭子仪还没有到达汾州，就在这个权力的空白期，原在仆固怀恩麾下担任都虞候的张维岳立刻赶到汾州。张维岳传达朝廷诏令，宣布郭子仪马上就要到达汾州，所有人不得轻举妄动，于是汾州当地的原仆固怀恩部众基本没有发生大的动乱。

张维岳此举本来是大功一件，但是接下来他又干了一件无耻至极的事情。在听说了仆固玚的死亡经过之后，张维岳杀掉了白玉和焦晖，然后对外宣称是自己斩杀了仆固玚，将这一功劳据为己有。郭子仪派遣自己的属下卢谅先期到达汾州，张维岳贿赂了卢谅，于是卢谅向郭子仪报告是张维岳斩杀了仆固玚。郭子仪当时还没有到达汾州，并不知道此事的详情，再加上对卢谅的信任，于是郭子仪就原样向唐代宗奏报，并命令把仆固玚的首级送到京师长安。

听闻仆固玚已死，群臣都向唐代宗表示祝贺。但是或许是想起了仆固怀恩在平定安史之乱中的巨大贡献，唐代宗脸上没有丝毫的喜悦之情，他伤心地说道："朕信不及人，致勋臣颠越，深用为愧，又何贺焉！"不知是真是假，他感慨自己没有和功臣们取得互信，最终导致功臣罹难，对此深感愧疚，这又有什么好祝贺的呢？

同时唐代宗听说了仆固怀恩的母亲大义灭亲的行为，大为感动，于是下令将仆固怀恩的母亲接到京师长安，给了她极为优厚的待遇。但是或许是愤于儿子不忠不孝的行为，仆固怀恩的母亲一个多月之后就去世了。唐代宗为她举行了极为隆重的葬礼，众人听说了仆固怀恩之母的事迹，无不感慨称赞。

二月中旬，郭子仪到达汾州。在汾州的仆固怀恩部众基本都来自朔方军，所以听说郭子仪到达之后，欢欣鼓舞，据史书记载，当时的场景是："怀恩之众数万悉归之，咸鼓舞涕泣，喜其来而悲其晚也。"但是在这热烈的气氛中，有人秘密向郭子仪举报了张维岳暗害白玉和焦晖，贿赂卢谅，将斩杀仆固玚的功劳据为己有一事。

听闻此事之后，郭子仪非常震惊，他立刻派人严查。其实查清此事难度并不大，因为当天白玉、焦晖是和很多人一起进攻仆固玚的营帐，这些人都可以证明白玉和焦晖才是斩杀仆固玚的领导者。郭子仪没来的时候，他们忌惮于张维岳的权势而敢怒不敢言，现在郭子仪来了，他们不再有任何的顾虑，于是纷纷站出来为白玉和焦晖喊冤。铁证如山之下，卢谅也不敢再有所隐瞒，只得将实情和盘托出。

得知事情的真相之后，郭子仪异常愤怒，这就要向皇帝禀告此事的经过。此时有人劝说郭子仪："令公，我们之前已经向朝廷禀告是张维岳斩杀了仆固玚，现在又说其实立功的是白玉和焦晖，朝廷会不会觉得我们没有查明事情就汇报，办事不力呢？所以不如就按下不表，厚赏一下白玉和焦晖的家人就是了。"

郭子仪听后，立刻反驳道："这怎么可以！为将者，最重要的就是赏罚分明，今天我若是不能主持公道，那么士兵们会怎么看我？我又怎么服众？这毕竟是两条人命，我不可以因为一己之私，而让他们枉死于九泉之下。"于是郭子仪下令将卢谅杖杀，然后将此事禀告朝廷，由朝廷决定如何处理张维岳。对此，唐代宗表示，虽然张维岳滥杀无辜，但是毕竟有功，所以只是下诏减少了张维岳的赏赐，没有对他进行其他处罚。

仆固怀恩在逃离汾州之后，准备前往灵武重新召集部众。当时守卫灵武的将领是浑释之，仆固怀恩向其传令，表示自己将要率领朔方军全军返回灵武。浑释之接到这道命令之后觉得非常奇怪，因为他已经听说了郭子仪受命前往汾州平叛一事，仆固怀恩再厉害，也不可能在和郭子仪的较量中全师而回。所以浑释之立刻得出了一个结论："不然，此必众溃矣。"仆固怀恩的话肯定是假的，他率领的不过只是残兵败将而已。于是浑释之准备闭门不纳，拒绝仆固怀恩率军进入灵武。

此时浑释之的外甥张韶却说："彼或翻然改图，以众归镇，何可不纳也！"有可能是仆固怀恩幡然悔悟，朝廷原谅了仆固怀恩，让他率军返回灵武，如果是这样的话，我们怎么可以不让他进城呢？张韶说的这种可能性确实存在，所以浑释之始终拿不定主意，于是他决定先派人前往汾州，了解一下事情到底是怎么回事，朝廷到底有没有原谅仆固怀恩。

但是仆固怀恩的行军速度非常快，浑释之派出去调查的人还没回来，仆固怀恩就已经到了灵武城下。犹豫不决的浑释之只得打开城门，让仆固怀恩进城。见到仆固怀恩之后，张韶立刻向其禀告了此前浑释之准备闭门不纳的决定。于是仆固怀恩便让张韶当间谍，找机会杀掉了浑释之，然后收编了浑释之的部众，并将其交给张韶统领。但是过了不久仆固怀恩就感慨道："释之，舅也，彼尚负之，安有忠于我哉！"浑释之是张韶的舅舅，他尚且能够背叛，他将来又怎么可能还会对我忠心呢？于是几天之后，仆固怀恩随便捏造了个罪名，下令将张韶的小腿打断，然后将他关押在弥峨城。不久张韶就死在了那里。

即使仆固怀恩已经公然占据灵武，反叛朝廷，但是在唐代宗看来，朝廷和仆固怀恩之间并没有不可调和的矛盾，所以他依然希望能够招抚仆固怀恩。764年五月，唐代宗下令给予仆固怀恩的亲属以优厚的待遇，然后对仆固怀恩下诏：

> 勋劳著于帝室，及于天下。疑隙之端，起自群小，察其深衷，本无他志；君臣之义，情实如初。但以河北既平，朔方已有所属，宜解河北副元帅、朔方节度等使，其太保兼中书令、大宁郡王如故。但当诣阙，更勿有疑。

唐代宗安慰仆固怀恩，他功盖天下，此事无人不知，之所以到了今天的地步，纯粹是宵小之徒从中挑拨，仆固怀恩也是被逼无奈，他与皇帝之间的君臣关系并没有问题。现在安史之乱已经平定，朔方也有人镇守了，仆固怀恩可以解除河北副元帅、朔方节度使等职务，保留太保兼中书令、大宁郡王的职务。皇帝让他亲自来长安觐见，并承诺保证他的安全。

唐代宗的这道诏令实在是太不现实了。按照唐代宗的命令，仆固怀恩应该解除兵权，安心到长安去当一个富家翁。但是仆固怀恩手握兵权的时候，尚且不敢前往长安，他没了兵权，更加不会去长安。所以这道诏令不出意外地遭到了仆固怀恩的拒绝。仆固怀恩在灵武继续招兵买马，因为他威名赫赫，所以很多人都选择投奔仆固怀恩，因此很快仆固怀恩就拥有了数万部众，实力有所恢复。

在成功赶走了仆固怀恩之后，郭子仪对当前局势进行了思考，提出了非常具有前瞻性的建议——罢免节度使。

在郭子仪看来，国家早在唐玄宗时期就开始设置节度使，不过那时候节度使都是负责镇守边塞，节度使的设立确实也有助于边疆的稳定，是有积极意义的。但是随着安史之乱的爆发，叛军占据了以洛阳为中心的中原地区，为了制衡叛军、镇压叛乱，朝廷不得已开始在内地也设立节度使，这只是权宜之计，绝对不能当作国家长策。现在内地的各个节度使无不割据一方，他们藐视朝廷权威，对中央的统治构成了巨大的威胁，所以必须罢免这些设立在内地的节度使。

郭子仪也明白，想要罢免节度使是一件极为困难的事情，绝非一日之功，但是这是事关国家发展的长远大计，绝对不能因为实行起来难度大而不实行。因此郭子仪建议唐代宗先罢免自己担任的河中节度使，然后逐渐罢免其他内地节度使。

在郭子仪的建议下，764年六月，唐代宗下诏罢免河中节度使。但是唐代宗终究没有继续罢免其他内地节度使的能力和魄力，这项政策没有继续实行，由此唐朝在藩镇割据的道路上一去不复返。

第三节　奉天退敌

就在郭子仪正在汾州善后的时候，他听说了一个让他极为震惊的消息——李光弼去世了！

不管是763年吐蕃攻陷长安，还是764年仆固怀恩叛乱，李光弼始终都据守徐州，不愿进京勤王。李光弼之所以这样做，主要还是和朝中宦官有矛盾。虽然李光弼的按兵不动让唐代宗很不满，但是他也不愿破坏与这位"中兴第一名将"之间的关系，所以依然用尽各种办法拉拢李光弼。唐代宗命郭子仪将李光弼的母亲自河中送往长安居住，同时厚待李光弼之弟李光进，让李光进掌管禁军。

起初，李光弼治军严整，先谋后战，能以少胜多，故与郭子仪齐名，威震天下。凡是他下的命令，诸将不敢不服。后来，李光弼在徐州不敢入朝，部将田神功等人对李光弼的行为非常不满，因此对李光弼不再敬畏，对李光弼的各项指示也是敷衍了事。李光弼见自己上不能报效朝廷，下不能安抚三军，郁郁不得志，逐渐忧愤成疾，所以提前派部将孙珍向朝廷进呈遗表，自述遗志。

764年七月，太尉兼侍中、河南副元帅、临淮郡王李光弼在徐州病逝，终年五十七岁。唐代宗为其辍朝三日，追赠太保，谥号"武穆"。

听闻李光弼去世，郭子仪感到万分惋惜。虽然自己和李光弼之间存在一定的矛盾，但是李光弼作战英勇、有勇有谋，更重要的是他对朝廷忠心耿耿，当此天下纷乱之际，正是用人之时，李光弼本可以继续为朝廷建功立业，可是他猝然离世，这是朝廷的巨大损失。随着李光弼的去世和仆固怀恩的叛乱，朝廷能够倚仗的统兵大将越来越少了，郭子仪不禁对未来充满了担忧。

就在李光弼去世之后不久，为了表彰郭子仪在平定仆固怀恩之乱中的贡献，唐代宗下诏，进封郭子仪为太尉，充任北道邠宁、泾原、河西以东通和吐蕃及朔方招抚观察使，其原先担任的关内河东副元帅、中书令依然保留。郭子仪认为，仆固怀恩尚未被诛灭，实在是没有必要给予他这样高的官职，于是郭子仪请求取消授予他太尉这一职务，在奏疏中郭子仪写道：

> 太尉职雄任重，窃忧非据，辄敢上闻。伏奉诏书，未允诚恳。臣畴昔之分，早知止足，今兹累请，窃惧满盈。义实由衷，事非矫饰，志之所至，敢不尽言。自兵乱以来，纪纲浸坏，时多躁竞，俗少廉隅。德薄而位尊，功微而赏厚，实繁有众，不可殚论。臣每见之，深以为念。昔范宣子让，其下皆让，栾黡为汰，不敢违也。臣诚薄劣，窃慕古人，务

欲以身率先，大变浮俗，是用勤勤恳恳，愿罢此官，庶礼让兴行，由臣而致也。臣位为上相，爵为真王，参启沃之谋，受腹心之寄，恩荣已极，功业已成，寻合乞骸，保全余齿。但以寇仇在近，家国未安，臣子之心，不敢宁处。苟西戎即叙，怀恩就擒，畴昔官爵，誓无所受，必当追踪范蠡，继迹留侯。臣之鄙怀，切在于此。

在这封奏疏中，郭子仪讲述了自己推辞太尉的原因。之所以这么做，并不是为了彰显自己的清高，而是想要改变社会风气。自从安史之乱开始以来，国家纲纪逐渐崩坏，朝廷滥发封赏，导致很多人德不配位，德薄而位尊，功微而赏厚。所以郭子仪希望自己率先垂范，效法古人谦让的美德，让出太尉这一官职，以改变社会风气，增进谦让之风。此外，郭子仪觉得自己早已位极人臣，恩荣已极，功业已成，接下来应当效法范蠡和张良，归隐山林，实在是没必要再当高官了。

郭子仪的这份奏疏可谓情真意切，但是唐代宗依然不允许郭子仪推辞。于是郭子仪亲自面见唐代宗，哭着一再恳求唐代宗收回成命，唐代宗不得已，只得取消了对郭子仪太尉的任命。

郭子仪之所以一再推辞太尉，除了他所说的仆固怀恩尚未被诛灭这一原因之外，我觉得还有一个原因，那就是上一任太尉恰恰就是刚刚去世不久的李光弼。李光弼尸骨未寒，他所留下的太尉这一职务就归属了郭子仪，李光弼和郭子仪本来就有些矛盾，所以在不明真相的人看来，这就是郭子仪觊觎太尉已久，李光弼刚死，他就急不可耐地将太尉据为己有。这对于郭子仪的名声将会造成很大的消极影响，所以郭子仪有必要推辞太尉一职以避嫌。

就在郭子仪已经基本结束了汾州的善后工作，准备返回长安的时候，前方突然传来急报——党项人打过来了！

党项族是古代西北族群，属西羌族的一支。经过隋文帝和武则天时期两次内迁，党项逐渐集中到甘肃东部、陕西北部一带。唐朝中央多在党项聚集地设羁縻州管理，有功的党项部落酋长被任命为州刺史或其他官职。随着安史之乱的发生，原本比较安定的党项人开始蠢蠢欲动，763年吐蕃人进攻长安的大军中，就可以看到党项人的身影。

764年夏，党项人大规模南下，他们的速度非常快，兵锋很快就直指同州，距离京师长安已经不到三百里了！

刚刚听闻此事时，郭子仪感到非常诧异。因为党项人的实力并不强，他们只敢跟着吐蕃人助纣为虐，一般是没有胆子独自挑战唐朝的，为什么今天突然胆子这么大了呢？转念一想，郭子仪就明白了，这肯定是仆固怀恩从中作祟。党项人之所以不敢独自挑战唐朝，是因为灵武在他们的侧背起着巨大的牵制作用。现在仆固怀恩占据灵武，他肯定向党项人承诺绝对不会趁机偷袭党项人的老巢，所以党项人才敢毫无顾忌地南下，说不定仆固怀恩还给了党项人一些物资支援。

不过好在党项人实力并不强，对付他们郭子仪还是有信心的。郭子仪派遣开府仪同三司李国臣前去抵御党项人，临行前他对李国臣说："虏得间则出掠，官军至则逃入山，宜使羸师居前以诱之，劲骑居后以覆之。"这些党项人有机会就过来抢掠，我军大部队一到他们就立刻逃走，所以你可以先派一些老弱部队引诱他们前来，然后以精锐部队伏击，将其歼灭。

按照郭子仪的计策，李国臣率军在澄城以北大败党项军队，斩杀、俘虏千余人，其他的党项人狼狈逃窜。

但是，党项人的入侵只是个开始，很快更大规模的入侵就来了。

764年十月，郭子仪刚刚由汾州返回长安不久，泾原前线的唐军就传来奏报：在仆固怀恩的招诱之下，吐蕃人和回纥人大举进攻唐朝，总兵力达到十万之众。消息传来之后，京师长安上下无不心惊胆战，唐代宗急忙命令郭子仪立刻率军镇守奉天，抵御来敌。

在郭子仪临行前，唐代宗问他将如何御敌，郭子仪回答道："陛下请放心，仆固怀恩的入侵肯定不会成功。"

唐代宗问道："爱卿何出此言？"

郭子仪回答道："仆固怀恩虽然作战英勇，但是很少会对士卒施以恩信，所以士卒对他并不拥戴，之所以愿意跟着他入侵，只不过是因为士兵都是内地之人，思乡心切罢了。此外仆固怀恩本来就是臣的部将，他麾下将士也都是臣的下属，他们怎么会忍心和我对抗呢？所以仆固怀恩此次入侵肯定不会成功。"

在仆固怀恩的带领之下，吐蕃军队大举进攻邠州，郭子仪急忙命令自己的第三子朔方兵马使郭晞率军万余人增援邠州。很快，仆固怀恩率领的前军就到达了宜禄，距离邠州只有不足百里了。

郭子仪认为，邠州之战是首战，如果邠州被仆固怀恩迅速攻陷，那么对整个战局和唐军的士气将会是巨大的打击，所以邠州断不容失。于是郭子仪命令右兵马使李国臣也率军增援邠州。

听闻仆固怀恩率军达到宜禄之后，原本驻防邠州的邠宁节度使白孝德率军主动出击，在宜禄附近歼灭吐蕃军队千余人，取得首胜。仆固怀恩立刻率领大军进攻邠州，白教德、郭晞、李国臣等人见众寡不敌，于是率军闭门坚守。看到邠州城防坚固，一时难以攻克，仆固怀恩遂率军绕过邠州，直奔奉天。

奉天到长安只有一百五十里左右，听闻敌军已经到了奉天，唐代宗立刻宣布京师长安戒严。听闻敌军到来，众将纷纷请战，但是郭子仪下令禁止任何人出战，对此他解释道："虏深入吾地，利于速战，吾坚壁以待之，彼以吾为怯，必不戒，乃可破也。若遽战而不利，则众心离矣。敢言战者斩！"郭子仪看出，敌人远道而来，兵锋甚锐，利于速战，所以唐军此时应当坚守不出，以逸待劳。让敌人认为我军胆怯，不敢出战，就会疏于戒备，这样我们就有机会了。如果急于出战，一旦失败了，军心尽失，那么战局就无可挽回了。

就这样，双方在奉天城下开始对峙。郭子仪的坚守策略果然骗过了仆固怀恩，他觉得郭子仪兵力太少，不敢出城迎战，但是他又不敢把郭子仪抛在身后，绕过奉天直接进攻长安。思虑再三，仆固怀恩决定对奉天发动偷袭，企图一举攻克奉天，为之后进攻长安扫除障碍。

几天之后的一个黎明，仆固怀恩率领着吐蕃和回纥大军悄悄出发，准备送给在奉天的郭子仪一个"惊喜"。结果当他们快到奉天城下时，仆固怀恩看到了让他终生难忘的场景：唐军已经在奉天城外严阵以待，军阵浩大，无数面大旗迎风烈烈，旗帜上赫然是一个硕大的"郭"字！

"怎么会这样？难道郭子仪可以未卜先知吗？"仆固怀恩的内心受到了巨大的震撼！

其实并不是郭子仪可以未卜先知，而是仆固怀恩的动向早就已经在郭子仪的掌握之中。为了防止仆固怀恩的偷袭，郭子仪派人严密监视仆固怀恩的动向，所以很快就得知了仆固怀恩将会发动大规模行动。于是在仆固怀恩进攻的前夜，郭子仪率领奉天守军主力出城，在乾陵以南列阵迎敌，并且郭子仪还下令全军广布旗帜，伪装出有十万大军的样子，于是就有了仆固怀恩看到的那一幕。

同样受到震撼的还有吐蕃人和回纥人。他们本来就非常迷信，在看到郭子仪拥有未卜先知的本事之后，再结合郭子仪之前的赫赫威名，他们相信郭子仪是天神下凡，不可战胜。于是在极度的震惊之下，吐蕃人和回纥人纷纷后撤，眼见情形如此，仆固怀恩也只得率军撤退。

就这样，郭子仪兵不血刃，保卫了奉天。

虽然不敢和郭子仪正面对抗，但是仆固怀恩也不甘心此行就这么无功而返，于是在返回的途中仆固怀恩再次率军进攻邠州。结果就在仆固怀恩率领吐蕃军队渡过泾河的时候，邠州城内的郭晞率领精锐骑兵三千人主动出击，劫杀正在渡河的吐蕃军队，大败吐蕃军队，斩首千余级，俘虏大将四人。见在邠州城下也占不到什么便宜，仆固怀恩只得率军撤退。

仆固怀恩之所以如此急于撤退，还有一个很重要的原因，就是他的大本营灵武受到了唐军的威胁。

就在仆固怀恩率军南下之后，驻扎凉州的唐朝河西节度使杨志烈对监军柏文达说：“河西的精锐部队全都在我们这里，你只要能够率军进攻灵武，那么仆固怀恩有后顾之忧，必然不敢深入，这样京师就可以得救。”于是柏文达率领精兵万余人进攻灵州，连战连捷。仆固怀恩闻讯，急忙率军回师救援灵武。仆固怀恩派两千精锐骑兵趁夜偷袭柏文达，柏文达猝不及防，大败而归，士卒死伤大半，只得率领残部逃回凉州。虽然凉州唐军没有能够攻克灵武，但是他们的牺牲极大地牵制了仆固怀恩的兵力，迫使其不得不尽快返回。

就这样，郭子仪又一次保卫了京师长安的安全，长安上下无不欢欣鼓舞，纷纷歌颂郭子仪的功绩。但是就在这样一派喜气祥和的氛围中，不和谐的事情发生了，事情出在此战立下大功的郭子仪第三子郭晞身上。

郭晞虽然作战英勇，但是他也有缺点，那就是放纵士兵抢掠。郭晞在率军到达邠州之后，他的士兵在城内肆意劫掠，无法无天，郭晞本人则从来不惩罚那些士兵，这就引起了当地守将邠宁节度使白孝德的不满。但是郭晞毕竟是郭子仪的儿子，所以白孝德也是敢怒不敢言。泾州刺史段秀实知道此事后，向白孝德请求由他来处理此事，白孝德同意了。

后来有一天，郭晞麾下的十七名士兵到市场里去抢酒，而且还把卖酒的人给刺伤了，把店铺里酿酒的容器也都给砸了。段秀实听闻此事之后，立刻带人去把这十七人抓了起来，然后全部斩首。段秀实不仅把这些人都给砍了，还把脑袋挂在槊上，放在市场门口示众。

郭晞麾下的其他士兵听说此事后，群情激愤，纷纷披甲上马就要去找段秀实报仇。白孝德非常害怕，他急忙找到段秀实询问对策。只见段秀实不慌不忙地说："不必担心，我自有办法。"段秀实说完就准备亲自前往郭晞的军营，白孝德让段秀实带几十个随从一起去，结果被段秀实谢绝了，最后他只带了一名年老的随从前往。

进了郭晞的军营之后，只见大队身披甲胄的士兵立刻冲出来把段秀实围了起来，段秀实见状笑着说："杀一老卒，用得着这么兴师动众吗？我带着我的脑袋来了！"段秀实这话一出，直接把周围的人都震慑住了。此时郭晞走出来对段秀实说："常侍负若属邪，副元帅负若属邪？奈何欲以乱败郭氏！"

听到郭晞这么说，段秀实立刻正色说道："郭令公功盖天地，你要为他的身后名着想。今天你在这里纵容士卒为非作歹，到时候肯定会牵连郭令公。问题出在你身上，但是损害的是郭氏的名声，到时候又会有什么后果呢？"

听到段秀实的话之后，郭晞哑口无言，他也意识到了事情的严重性，于是急忙对段秀实道歉说："公幸教晞以道，恩甚大，敢不从命！"然后立刻对左右之人呵斥道："全都把甲胄脱了，各自回营，再有敢闹事者，斩！"第二天，郭晞和段秀实一起来到白孝德处，郭晞亲自向白孝德道歉，承诺一定严加约束士卒，就这样邠州终于恢复了安定。

虽然郭子仪的儿子闯了祸，但是唐代宗并没有因此而处罚郭子仪，毕竟此次长安能够得以保全，郭子仪厥功甚伟。所以在郭子仪返回长安时，唐代宗亲自到安福门迎接郭子仪，并把郭子仪请到城楼之上，接受四方朝拜，随后又举行了大规模的宴会，给予了郭子仪极高的礼遇。

764年十一月，唐代宗正式下诏，任命郭子仪为尚书令。郭子仪立刻上疏辞谢，他写道：

> 臣以薄劣，素乏行能，逢时扰攘，猥蒙驱策，内参朝政，外总兵权。上不能翼戴三光，下不能纠逖群慝，功微赏厚，任重恩深，覆餗之忧，实盈寤寐。臣昨所以固辞太尉，乞保余年，殊私曲临，遂见矜许。窃谓陛下已知其愿，深察其心，岂意未历旬时，复延宠命。以臣褊浅，又寡智谋，安可谬职南宫，当兹大任。况太宗昔居藩邸，尝践此官，累圣相承，旷而不置。皇太子为雍王之日，陛下以其总兵薄伐，平定关东，饮至策勋，再有斯授。岂臣末职，敢乱大伦。德薄位尊，难逃天子之责；负乘致寇，复速神明之诛。伏乞天慈，俯停新命。

在郭子仪看来，能够有机会匡扶国家，已经是三生有幸，自己功微赏厚，任重恩深，实在是不敢接受尚书令这样的高官。更重要的是，因为当年唐太宗曾经担任尚书令，由于尚书令的权力过大，之后很长时间都不设尚书令这一职务，自己一介臣子，怎么敢与唐太宗相提并论呢？

但是唐代宗驳回了郭子仪的请求，下诏让郭子仪尽快到尚书省任职，并且命令宰相以下百官全部去迎接郭子仪，还派出五百名骑兵持戟担任郭子仪的护卫，用最高的礼仪来迎接郭子仪就任尚书令。郭子仪听闻皇帝用了这么大的阵仗，更加不敢接受，于是赶忙上了第二份奏疏：

> 臣伏以尚书令，武德之际，太宗为之，昨沥恳上陈，请罢斯职；而陛下未垂亮察，务欲褒崇，区区微诚，益用惶惧。何则？太宗立极之主，圣德在人，自后因废此官，永代作则。陛下守文继体，固当奉而行之，岂可猥私老臣，黩厥成式，上掩陛下之德，下贻万方之非。臣虽至愚，安敢轻受？况久经兵乱，僭赏者多，一人之身，兼官数四，朱紫同色，清浊不分，"烂羊"之谣，复闻圣代。臣顷观其弊，思革其源，以逆寇犹存，未敢轻议。今元凶沮败，计日成擒，中外无虞，妖氛渐息。此陛下作法之际，审官之时，固合始于老臣，化及班列。岂可轻为此举，以乱国章？国章乱于上，则庶政隳于下，海内之政皆乱，则国家又安得永代而无患哉！陛下苟能从臣之言，俯察诚请，彼贪荣冒进者，亦将各让其所兼之官，自然天下文明，百工式叙，太平之业，可得而复

也。臣诚蒙鄙，识昧古今，志之所切，实在于此。

郭子仪的这封奏疏主要说明了自己不接受尚书令的三个原因：第一，唐太宗之后，朝廷就不设尚书令了，不能因为自己违反祖制；第二，为了平定安史之乱，朝廷滥发封赏，各类名目的官职极多，所以不能再助长这一风气了；第三，希望以自己的退让，来鼓励社会上的谦让之风。

在这封奏疏中，郭子仪提到了一个典故，那就是"烂羊"之谣，这个故事起源于《后汉书·刘玄传》。当时汉朝也是封赏了大量官员，导致坊市之间几乎人人都有官职，因此民间编出歌谣嘲讽这种现象："灶下养，中郎将。烂羊胃，骑都尉。烂羊头，关内侯。"后世遂以"烂羊"为典，指对地位卑下者滥授官爵。

收到郭子仪的这封奏疏之后，唐代宗亲拟手诏答复道：

> 优崇之命，所以报功；总领之司，期于赋政。卿入居台铉，出统戎旃，爰自先朝，累匡多难，靖群氛于海表，凝庶绩于天阶。敏事而寡言，居敬而行简，人难其易，尔易其难。所以命掌六联，首兹百辟，顾循时议，金谓允谐。而屡拜封章，恳怀让揖，守淳素之道，语政理之源，无待礼成，曲从德让。宜宣示于外，编之史册。

唐代宗最终答应了郭子仪的请求，不再让他担任尚书令，他还特别命人将此事记入国史，以让郭子仪这种崇高的品格流传千古。此外，唐代宗下诏，赏赐郭子仪美女六名、随从八名，以及车服、帷帐、床褥、珍玩等物品，以彰显朝廷对郭子仪的褒奖。郭子仪没有再拒绝，虽然他对这些并不感兴趣，但是屡次三番谢绝皇帝的赏赐，实在是说不过去，对于皇帝的恩赐，他欣然接受，跪拜再谢。

第四节　单骑退回纥

765年三月，在与唐朝的作战中屡屡处于上风的吐蕃突然请求和唐朝结盟，这让唐代宗感到非常奇怪。此时唐朝也确实被和吐蕃之间的战争折腾得疲惫不堪，所以唐代宗也很希望讲和，因此就派出元载、杜鸿渐与吐蕃在兴唐寺签订合约。对此唐代宗问郭子仪："吐蕃请盟，何如？"

郭子仪回答道："吐蕃利我不虞，若不虞而来，国不可守矣。"郭子仪觉得此次结盟恐怕靠不住。吐蕃人有可能会利用结盟之后大唐防守懈怠的时机，突然发起进攻，到时候国家可就危险了。在郭子仪的建议之下，唐代宗下令将河中地区的士兵调往奉天，加强长安一带的防务，同时在泾源地区派遣骑兵往来巡查，严防吐蕃人偷袭。

事实证明郭子仪的担心是对的，吐蕃人的这次求和完全就是一个幌子。在仆固怀恩的招诱之下，765年九月，吐蕃、回纥、党项、羌、浑、奴剌，以及任敷、郑庭、郝德、刘开元等山贼势力，共同组成联军大举入侵唐朝，总兵力达到三十万人。在仆固怀恩的统一指挥之下，这些部队主要分成了以下几路：

吐蕃大将尚结悉赞磨、马重英等率军自北道进攻奉天；

党项军队以及任敷、郑庭、郝德等率军自东道进攻同州；

吐谷浑、奴剌之众自西道取盩厔；

回纥继吐蕃之后，仆固怀恩又以朔方兵继回纥之后。

三十万大军分为数路，从北、东、西三个方向对长安形成包围态势，北路奉天方向由仆固怀恩亲自坐镇，是主攻方向。三十万大军有主攻、有助攻，任务分明、配置合理，作为一代名将，仆固怀恩的军事才华得到了充分展现。如此良将却被奸佞逼到唐朝的对立面，实在是一个巨大的悲剧！

仆固怀恩的此次进攻，规模之大，前所未有，所以给京师长安带来了巨大的恐慌。唐代宗连忙征求郭子仪的意见，郭子仪提出了自己的看法："敌人都是骑兵，往来如飞，我们很难追上他们，所以应该派出将领坚守各个战略要地，以遏制敌人的攻势。"

于是，唐代宗命李忠臣屯兵渭桥，李光进屯兵云阳，马璘、郝廷玉屯兵便桥，骆奉先、李日越屯兵盩厔，李抱玉屯兵凤翔，周智光屯兵同州，杜冕屯兵坊州，代宗亲自率兵驻守苑中，并命郭子仪率军一万驻守泾阳。为了保卫长安，唐代宗下令将京师长安所有壮丁全部登记在册，以备守城，不许任何人逃走，将长安一半的城门堵死。鱼朝恩还将长安城内所有马匹全部征集，同时派重兵把守城门，严防壮丁外逃。长安市民纷纷挖地道逃离，留在长安的人也都是人心惶惶。

作为先锋，十万吐蕃大军首先抵达了邠州，此时守卫邠州的依然是去年就在这里抵御仆固怀恩的白孝德。白孝德率军婴城固守，吐蕃军队难以找到可乘之机，于是和去年一样，绕过邠州，直取奉天。守卫奉天的唐军将领是朔方兵马使浑瑊和讨击使白元光。吐蕃人认为，去年郭子仪守卫奉天，尚且不敢主动进攻吐蕃人，现在没有了郭子仪，奉天守军应该更加不敢轻举妄动，所以根本不把奉天守军放在眼里。但是，接下来发生的事情让吐蕃人终生难忘。

吐蕃人刚刚在奉天城外列好军阵，浑瑊突然率两百骑兵从城内杀出，浑瑊更是身先士卒，直冲吐蕃军阵，所向披靡，吐蕃人望风而溃。浑瑊俘虏一名敌将后骑马回营，更神奇的是他麾下的两百骑兵不仅没有人阵亡，连受伤的都没有。城上的唐军看到浑瑊等人如此神勇，士气大振。吐蕃军队不甘心失败，接下来的几天里连续发动大规模进攻，但是始终没有成功，反而损失惨重。之后浑瑊夜袭吐蕃，杀敌千余人。此战浑瑊前后与敌人交战二百多次，斩首五千余级，大获全胜。

吐蕃军队本想绕过奉天继续南下，但是怎料突然遭遇大雨，道路被毁，补给困难，于是他们便开始四处劫掠。吐蕃移兵攻醴泉，他们所过之处烧杀抢掠，赤地千里，先后俘虏了男女百姓数万人。吐蕃军队本打算带着这些战利品返回吐蕃，但是戍守同州的周智光率军出击，大败吐蕃军队于澄城，吐蕃军队只得丢弃战利品狼狈逃窜。

就在吐蕃军队连战连败之时，在吐蕃人后面的回纥人终于赶来了，两军联合之后力量大增，于是他们决定主动进攻战略要地——泾阳。

郭子仪在受命守卫泾阳之后，立刻着手加强泾阳防务。765年十月初，吐蕃和回纥联军到达泾阳城下，郭子仪下令依城固守，不得出战。敌人见占不到什么便宜，于是就在泾阳附近扎营，双方形成对峙。就在此时，突然传来了一个令所有人都震惊的消息——仆固怀恩死了！原来此次进攻发起之后不久，仆固怀恩就身患重病，不得不返回灵武，结果回到灵武不久就病死于鸣沙城。

仆固怀恩死后，吐蕃人和回纥人各怀鬼胎，他们都想让对方打头阵攻城，自己在后面坐收渔利，于是两支军队变得互不信任，最终分开扎营。这种变化就给了郭子仪分化瓦解、各个击破的机会，他准备从与唐朝关系较密切的回纥入手。

郭子仪派将领李光瓒前往回纥军营，希望能够联合回纥共同攻击吐蕃。当回纥人知道来使是郭子仪所派之后，非常震惊，问道："郭令公还活着吗？你肯定是在骗我，如果郭令公还活着，那么我们是否有机会求得一见？"原来，在起兵之前，仆固怀恩欺骗回纥人，说郭子仪已经死了，所以回纥人才敢大举进攻。现在得知郭子仪还活着，回纥上下都非常震惊。

李光瓒回营之后，告知郭子仪，回纥人想见他，于是郭子仪立刻决定前往回纥军营。周围人纷纷表示反对，他们劝说郭子仪："戎狄之心，不可信也，请无往。"

对此，郭子仪回答道："今众寡不敌，难以力胜。昔与回纥契约甚厚，不若挺身往说之，可不战而下也。"他说的是实话，现在双方实力相差悬殊，硬拼的话唐军是很难获胜的。过去大唐和回纥有着深厚的交情，今天若是能够说服他们改变意图，那么就可以不战而胜了。看到郭子仪心意已决，众将又劝说郭子仪带五百名骑兵作为护卫，郭子仪笑着摆摆手道："适足以为害也。"在郭子仪看来，如果回纥人想害他，带再多人也没用，反而显得自己惧怕，不如坦诚相见，才能建立互信。

此时他的儿子郭晞依然强烈反对郭子仪孤身赴险，他抓着郭子仪的马不让郭子仪走，说道："那些回纥人就像虎狼一样毫无信义，您是国家元帅，怎么可以自投罗网呢？"

郭子仪坚定地回应道："今战，则父子俱死而国家危；往以至诚与之言，或幸而见从，则四海之福也！不然，则身没而家全。"他已经将生死置之度外，因为郭子仪已经看出，今天若是继续交战，不仅他们父子会死，众多将士会死，国家也会有危险。如果能够劝说回纥人改变意图，那么这会是四海之福。即使此行不成功，郭子仪一人身死，那么至少军队还在，国家体面还在，将士们自然会为他复仇，还可以为国奋战。

随后郭子仪用马鞭抽了郭晞的手一下，说道："闪开！"然后带着几个骑兵扬鞭而去。

到了回纥人的军营门口后，郭子仪命人大呼道："郭令公到！"

回纥人听到郭子仪竟然真的亲自前来，再度震惊。回纥人的统帅是回纥可汗的弟弟药葛罗，他担心郭子仪此行有诈，于是手持弓矢立于阵前，高度警戒。看此情景，郭子仪把甲胄脱掉，然后把武器也扔了，大摇大摆地进了回纥军营。回纥众酋长看到来者真的是郭子仪，立刻全都下马跪拜。

郭子仪也下马，走到药葛罗的面前，毫不客气地责备道："你们回纥人为大唐立有大功，大唐对你们的回报也非常丰厚，为什么你们现在要背弃盟约，入侵大唐呢？你们背恩德而助叛臣，这种行为实在是太愚蠢了！仆固怀恩乃叛君弃母之人，又能给你们带来什么好处呢？今天我孤身而来，你们要是想杀，就杀，但是我的将士必定会和你们血战到底！"

听到郭子仪这么说，药葛罗急忙解释道："郭令公此言真是折杀我等。是那仆固怀恩骗我们说皇上已经驾崩，令公也已经去世，国中无主，所以我们才赶来。现在我们知道皇上依然在长安，令公又亲率军到此，仆固怀恩已经为天所杀，我们怎么还敢和令公为敌呢？"

郭子仪见事情有转机，心生一计，于是就继续说道："吐蕃无道，趁我大唐有乱，不顾往日情谊，屡屡攻击我大唐。现在他们掠夺了大量的财物，既然回纥无意与大唐为敌，不如趁吐蕃人不备，袭击并夺取他们的财物，这可是天赐良机，机不可失啊！"

药葛罗赶忙说道："我们为仆固怀恩所误，已经愧对令公，协助令公攻击吐蕃就只当是我们在赔罪，哪敢想再索取什么财物呢？只是仆固怀恩的儿子是我们可汗妻子的亲兄弟，还希望令公能饶他们一命。"对此要求郭子仪答应了。

随后郭子仪拿出酒和回纥酋长们共饮，和回纥人订下了合约，双方约定互不侵犯。回营之后，郭子仪赏赐给了回纥人三千匹绢帛，回纥人也派出酋长石野那等六人前去朝觐唐代宗。

听闻唐朝和回纥人达成了合约，吐蕃人心知不妙，于是急忙撤军，但是郭子仪没有给他们任何机会。药葛罗率领回纥大军追击吐蕃，郭子仪也派白元光率领精锐骑兵前去助战，两军联合在灵武台西原大破吐蕃军队，斩首五万余人，生擒万余人，追回了被吐蕃人劫掠的唐朝百姓四千余人，缴获的各类牲畜数量极多，绵延三百余里。

就这样，郭子仪又一次保卫了京师长安。因为郭子仪早已封无可封，再加上他之前连续拒绝了皇帝赐予他的太尉和尚书令职务，所以唐代宗只得给了他"加实封两百户"的赏赐，以示褒奖。

唐朝和回纥之间再一次恢复了和平友好，但是唐朝也为此付出了巨大的代价。当回纥使臣前往长安朝觐的时候，唐代宗为了拉拢回纥人，先后赏赐给他们各类绢帛十万匹。当时唐朝国库空虚，为了凑出这么大的一笔财富，唐代宗不仅掏空了国库，还挪用了朝中百官的俸禄，这才勉强凑齐。

仆固怀恩死后，其麾下各将领为争夺领导权而互相攻杀，灵武乱作一团。在郭子仪的劝说之下，仆固怀恩的侄子仆固名臣，以及将领李建忠、张休藏等人相继投降，灵武再度回归唐朝中央政府管辖。

虽然仆固怀恩"逆命三年，再犯顺，连诸蕃之众，为国大患，士不解甲，粮尽馈军"，但是唐代宗对他依然是惋惜大于憎恨。当仆固怀恩死后，群臣向唐代宗道贺，唐代宗伤心地说："怀恩不反，为左右所误。"

正因如此，所以在史书中并没有把仆固怀恩当作乱臣贼子。《旧唐书》中，《仆固怀恩传》紧随《郭子仪传》之后，并没有和安禄山、史思明等人的传并列。在对仆固怀恩的评价上，后世史家也对他有着充分的理解，仆固怀恩并未因叛乱而被过分污名化。《旧唐书》记载：

> 史臣曰：仆固怀恩……咸以勇力，有劳王家，为臣不终，遂行反噬，其罪大矣。然辛云京、骆奉先……辈，致彼二逆，贻忧时君，亦可谓国之谍贼矣。

这不仅是仆固怀恩的悲剧，也是那个时代武将们必须面对的命运，郭子仪也需要谨慎应对。

第八章

万古流芳：只留清气满乾坤

第一节　内外周旋

在完成了单骑退回纥和击败吐蕃的壮举之后，郭子仪也开始了善后工作，其中最重要的自然就是朔方官员的选择问题。仆固怀恩长期担任朔方节度使，在朔方根基甚深，虽然仆固怀恩已死，但是他的亲信将领依然存在谋反的可能。此外朔方军长期以来都是唐军的主力部队之一，因此朔方当地大量青壮年参军，这对于朔方当地的农业生产产生了巨大影响，朔方的经济发展已经大不如前。这种种原因之下，选择一个合适的人来主管朔方，就成了重中之重。

经过慎重考虑，郭子仪最终向朝廷推荐了他认为最合适的人选——路嗣恭。

　　路嗣恭，出生于公元710年，京兆郡三原县人。路嗣恭最初担任邺县尉，那时他就颇有贤名。后来路嗣恭官至姑臧县令，政绩考核为天下第一。唐玄宗将他对比汉代良吏鲁恭，故赐名"嗣恭"。后来，路嗣恭先后担任工部尚书、御史大夫、灵州大都督府长史，充关内副元帅郭子仪副使。路嗣恭处理政务能力极强，并且担任郭子仪的副手，郭子仪对他非常熟悉，所以郭子仪才会推荐由路嗣恭来镇守朔方，这一建议得到了唐代宗的同意。

　　路嗣恭并没有辜负郭子仪的期望。当时朔方的大将、御史中丞孙守亮手握重兵，骄横傲慢，不受节制，根本不把路嗣恭放在眼里。于是路嗣恭假称自己有病，召孙守亮前来议事，等孙守亮到，路嗣恭命令左右将孙守亮拿下，然后立刻斩首。在斩杀孙守亮之后，朔方全军震惊，再也没有人敢和路嗣恭对着干，由此路嗣恭保证了朔方的稳定和发展。

　　在抵御仆固怀恩入侵的过程中，河西节度使杨志烈率领河西军队在朔方的侧背起到了巨大的牵制作用，这使得郭子仪进一步认识到河西地区的重要价值。此时杨志烈已经去世，所以郭子仪就建议唐代宗派官员巡视河西地区，并在凉、甘、肃、瓜、沙等州设立长史，妥善治理河西。郭子仪的这些建议都被唐代宗采纳了。

　　在完成了这一系列善后工作之后，郭子仪返回河中，此后数年时间里，郭子仪将会一直率军镇守河中，在这里利用仆固怀恩留下的原朔方军部众，训练一支强大的军队。郭子仪之所以会选择镇守河中，而不是在京师长安任职，主要原因有以下两点：

　　首先，难以和宦官集团共存。唐代宗非常宠信宦官，因此当时宦官权势滔天。凡宦官奉命出使四方，就经常盘剥财物，如果官员给宦官的财物少，唐代宗就认为是轻慢天子的使者，"由是中使公求略遗，无所忌惮"。若宦官出使州县，传送文书取货，"与赋税同，皆重载而归"。也正因如此，宦官才会肆无忌惮地弹劾忠臣良将，导致郭子仪、仆固怀恩等人无不受到打压。郭子仪如果继续留在长安，宦官集团必然视其为眼中钉，必欲除之而后快，所以郭子仪倒不如镇守一方，以免惹祸上身。

其次，郭子仪镇守河中，可以起到以外制内的效果。河中距离长安非常近，郭子仪率军镇守河中，可以对长安起到巨大的威慑作用。只要郭子仪在河中，宦官集团就不敢在长安肆无忌惮地为非作歹，所以这是典型的以外制内。此外，正因为河中距离长安非常近，所以一旦再有吐蕃或者回纥威胁长安，郭子仪就可以快速率军救援，保卫京师长安。

郭子仪到达河中之后，立刻将增加军粮储备作为首要任务。之前河中发生的士兵变乱，最主要的原因就是军粮缺乏，所以郭子仪准备通过大规模军屯的方式来增加军粮。郭子仪到任之后立刻自领一百亩地耕种，并且命令各级军官都必须领取一定数量的土地耕种。在郭子仪等人的表率作用之下，河中唐军士兵纷纷开始参与屯垦，不到一年的时间，河中地区即"野无旷土，军有余粮"。

但是此时，郭子仪的家庭出麻烦了，他的家人又闯祸了。

这次闯祸的是郭子仪的第六子郭暧。郭暧娶唐代宗之女升平公主，成为当朝驸马。有一次郭暧和升平公主吵架，郭暧说道："汝倚乃父为天子邪？我父薄天子不为！"这话的意思是，公主不就仗着父亲是皇帝才为所欲为吗？我父亲当年统领天下大军，都不稀罕当皇帝！升平公主听后非常生气，直接回宫将郭暖的话告诉了唐代宗。唐代宗听后说道："郭令公要是想当皇帝的话，天下就不是我们家的了。"他说得没错。随后唐代宗要求升平公主回家。

听说儿子说了如此大逆不道的话，郭子仪立刻赶往长安，然后将郭暖关起来，自己去向皇帝请罪。唐代宗宽慰郭子仪道："鄙谚有之：'不痴不聋，不作家翁。'儿女子闺房之言，何足听也！"俗话说"不痴不聋，不做家翁"，子女夫妻之间的闺房言语，不用理会。

但是郭子仪不敢怠慢。回去后，依然将郭暖杖责数十，向皇帝表示歉意。正因为郭子仪的教育，郭暖一门始终牢记满溢盈亏之理，将之作为家族教育的一个重要部分，世代相传。郭暖的墓志中记载："尝谓人曰：'履高则近危，持满则易覆。奋于行则招毁，洁于白则受污。吾将乾乾夕惕，以自诚饬，可以免夫。'"

此时，前方突然传来消息——华州节度使周智光谋反。朝廷命令郭子仪率军讨伐。

周智光，出生年份不详。鱼朝恩担任观军容使镇守陕州时，周智光在其帐下任职，因此鱼朝恩与他十分亲近。常言道，一人得道鸡犬升天，在鱼朝恩的提携之下，周智光自然也是平步青云，很快就官至同州、华州节度使。

765年吐蕃、回纥入侵期间，吐蕃攻打醴泉，俘虏数万百姓，周智光出兵拦截，击败吐蕃军，缴获大量骆驼、马匹。这本是大功一件，但是随后周智光干了一件令人发指的事情。周智光平常与鄜坊节度使杜冕不和，当时杜冕驻屯坊州，而家属安置在鄜州。因此，周智光到达鄜州后，擅自杀害鄜州刺史张麟，将杜冕家属共计八十一人活埋，烧毁鄜州的房舍三千多家。周智光犯下如此滔天大罪，唐代宗最后居然没给他任何处罚。

　　虽然朝廷没有处罚，但是周智光非常担心这只是暂时的，朝廷终究不会放过自己，唐代宗屡次下旨召见他，他都因害怕获罪而抗旨不去。周智光自知罪孽深重，便纠集亡命之徒、无赖子弟，其众多达数万，纵容他们烧杀掳掠而加以笼络。此外周智光擅自截留漕运到关中的大米二万斛，并且对于各藩镇向朝廷贡献的方物，周智光常常杀掉使者而夺取之。

　　766年十二月，唐代宗下诏，任命周智光为检校尚书左仆射，派遣中使余元仙前去传旨。结果周智光见余元仙后愤怒地说道："我周智光对国家立有大功，结果只给我尚书左仆射，为什么不让我做平章事？同州、华州地方狭小，不足以施展我的才能，如果再给我增加五个州，那还差不多。这里距长安一百八十里，实在是太近了，搞得我晚上睡觉都不敢伸脚，害怕一伸脚就会踏破长安城。至于挟天子以令诸侯，天下只有我周智光才能办到。"周智光的这番话，可谓狂妄到了极点，把余元仙吓得瑟瑟发抖，周智光并没有难为他，反倒是赠送给他一百匹绢，然后把他送走。

　　对于周智光的言行，郭子仪早就听说过，也曾经屡次请求讨伐周智光，但是唐代宗没有允许。这次听到了余元仙的汇报之后，唐代宗再也不能坐视不管了，767年正月，唐代宗秘密诏令关内河东副元帅、中书令郭子仪率兵讨伐周智光，准许他可便宜行事。

可是当时周智光控制的同州、华州正好位于长安与郭子仪所在的河中之间，长安和河中之间道路阻绝，唐代宗已经无法直接和郭子仪取得联络。唐代宗于是召见郭子仪的女婿工部侍郎赵纵，让他接受口头诏令后想办法将诏令转达给郭子仪，赵纵于是裁帛书写诏令放进蜡丸中，派遣家仆抄小路送达河中。郭子仪接到诏令立刻出兵，命令大将浑瑊、李怀光在渭水河畔驻扎军队，以震慑周智光。

周智光为非作歹，坏事做尽，他手下的人基本都对他毫无忠诚度可言，所以周智光才只能招募一些市井无赖为自己所用。听闻郭子仪率领大军前来讨伐，同州和华州的官员将领都胆战心惊，他们根本不愿意为周智光陪葬，所以危急时刻都开始各想出路。很快，周智光的部将李汉惠在同州率领部下向郭子仪投降。

看到周智光大势已去，唐代宗下诏将周智光贬为澧州刺史，仍然希望将此事和平解决，不愿意要周智光的性命。但是还没等周智光回应唐代宗的这一诏令，华州牙将姚怀、李延俊就将周智光杀死，然后将周智光的头颅和其子周元耀、周元干献给朝廷。唐代宗下诏悬挂周智光的首级于皇城的南街示众，同时将他的两个儿子腰斩。

还没等郭子仪到达同州和华州，周智光的叛乱就被平息了。

767年二月，郭子仪由河中入朝。听闻郭子仪到达长安，宰相元载、王缙，仆射裴冕、京兆尹黎干、内侍鱼朝恩五个人共同出钱三十万，宴请郭子仪。鱼朝恩还拿出罗锦二百匹，说给郭子仪作为缠头之费。这次宴会宾主双方都非常高兴，最终极欢而散。

这次宴会是非常奇怪的，为什么鱼朝恩要宴请郭子仪，还要送给郭子仪一份厚礼呢？鱼朝恩如此讨好郭子仪，原因何在？要知道，长期以来鱼朝恩经常打压郭子仪，两个人是绝对的死对头，为什么会发生这么巨大的转变呢？史书中并没有记载原因，我们也只能推测一下。

鱼朝恩之所以宴请郭子仪，最大的可能就是他觉得郭子仪真的不算是威胁，而朝廷真的没有郭子仪不行。

鱼朝恩之所以极力打压郭子仪，最主要的原因是一山不容二虎，鱼朝恩不能容忍朝中有另外的强势人物存在。但是不管鱼朝恩如何肆意妄为，郭子仪从来不还手，即使是因为鱼朝恩的打压，郭子仪在长安赋闲数年，无所事事，他也从来不向皇帝抱怨，不向皇帝说鱼朝恩的坏话。政治斗争成了单方面的独角戏，估计鱼朝恩自己也觉得无聊了，他的心底或许也有一丝丝被郭子仪感动：如此忠厚老实之人，真的对自己有威胁吗？真的要把他彻底置于死地吗？

此外，朝廷真的离不开郭子仪。宦官是一个很特殊的政治群体，他们完全依附于皇权而存在，双方一荣俱荣，一损俱损。经过安史之乱，唐朝内部各个节度使割据称雄，很多人不再听从中央的号令，外部吐蕃、回纥等周边政权不断入侵，几度威胁长安，此时唐朝中央的政治权威一落千丈，皇权也早已失去了往日的强势。在这种情况下，即使宦官集团完全掌控了中央，他们又能够有多大的权力呢？他们又能掌控多少土地和人口呢？

而郭子仪通过多年的征战证明了自己是大唐的国之柱石，是皇帝最重要的倚仗，自己的拳拳赤子之心可昭日月。郭子仪的奋战主要是为了维护皇帝和中央的权威，但是客观上这种权威的提升也有助于增强宦官集团的权力，毕竟宦官集团也不希望皇权成为空壳子。

正因如此，鱼朝恩才不得不重新审视自己和郭子仪之间的关系，由此做出了和郭子仪和解的决定。

第二节　诚感鱼朝恩

767年九月，边关再度传来急报，数万吐蕃军队围攻灵州，吐蕃军队的游骑已经到了潘原、宜禄。唐代宗立即命令郭子仪率领河中精锐部队三万人驻扎泾阳，以保卫长安，同时宣布长安戒严。郭子仪迅速率领军队出发，他本人亲自率军驻扎奉天，以抵御吐蕃。

不过此时郭子仪并不慌乱。首先是吐蕃人并不算多，远不及前几次的十万之众，而郭子仪麾下则是自己精心训练出来的三万精兵，即使是堂堂正正地对战，郭子仪也丝毫不害怕。其次此时担任朔方节度使、驻守灵州的正是自己当初推荐的路嗣恭，对于他的能力，郭子仪是很有信心的。

果然不久灵州方向就传来捷报，路嗣恭率领朔方军大败吐蕃，斩首两千余级，吐蕃军队只得撤围。听闻吐蕃军队撤退，郭子仪立刻率领全军出击，趁吐蕃军队不备发动偷袭，吐蕃军队一败涂地，唐军斩首、俘虏两万余人，取得了空前的大胜。

这场胜利具有极大的意义。763年吐蕃军队攻陷长安，郭子仪最终是通过计谋让吐蕃军队撤退，并没有对吐蕃军队造成多大杀伤；764年吐蕃入侵，郭子仪也是用计将吐蕃军队逼退；765年吐蕃和回纥联合入侵，郭子仪说服回纥进攻吐蕃，大获全胜，此战的主力军是回纥人，唐军只是起到了辅助作用。也就是说这些年在唐和吐蕃的战争中，唐军并没有给吐蕃军队造成巨大打击，这也是吐蕃军队敢于频频入侵的重要原因。

767年唐军大败吐蕃，终于一雪前耻，郭子仪向吐蕃人证明了，唐军依然具有非凡的战斗力，大唐的军力依然不容小觑，吐蕃人以后再想入侵，可要考虑清楚了！

但是胜利的喜悦没有维持多久，很快就发生了一件让郭子仪愤恨难平的事情。767年十二月，郭子仪的家人传来消息，郭子仪父亲的坟墓被人掘毁！

在向来注重伦理亲情的中国，掘人祖坟被认为是极为下作卑劣的事情，同时也是对一个人最大的侮辱。当消息传来，天下人无不议论纷纷，所有人都在猜测这件事到底是谁做的。很快大家就得出了一个共识：鱼朝恩嫌疑最大，原因很简单，在程元振失势之后，郭子仪在朝中最大的对头就是鱼朝恩。

可是767年年初，郭子仪刚刚和鱼朝恩把酒言欢，两人至少在表面上达成了和解，那鱼朝恩还有可能做出这样的事吗？确实有可能。随着这次反击吐蕃取得巨大胜利，郭子仪再度成为举世瞩目的焦点，天下人纷纷称赞郭子仪不愧是国之柱石。郭子仪的再度崛起无疑会让本就心胸狭隘的鱼朝恩感受到巨大的威胁，但是此前鱼朝恩已经和郭子仪公开和解，再公开诋毁郭子仪明显不合适，所以鱼朝恩有可能做出掘人祖坟这种下作的事情来让郭子仪不那么畅快。

虽然郭子仪自己也怀疑此事有可能是鱼朝恩干的，但是他也没有确凿的证据，所以郭子仪也只好打碎了牙往肚子里咽，只能忍着了。但是世人可不认为郭子仪会有这么强大的忍耐力。当时中央的权威已经大大降低，手握强兵的将领无不割据一方、拥兵自重，丝毫不把中央放在眼里，前有仆固怀恩，后有周智光，无不如此，所以人们纷纷猜测，郭子仪会不会也因此起兵反对中央呢？不仅世人这么认为，唐代宗和很多朝中大臣也有这种担心。

那么郭子仪是怎么做的呢？此事发生之后不久，郭子仪就请求入朝。见到唐代宗之后，郭子仪痛哭流涕地说道："老臣担任将军已经很久了，这期间对部下管理不力，导致很多士兵为非作歹，甚至毁掘他人坟墓，这种事已经多次发生了。今天自己父亲的坟墓也被毁了，这是天谴，并非人祸。"

听了郭子仪的话，唐代宗和朝中众大臣都明白，郭子仪这是在表态，他没有怪罪任何人，他依旧还是和往日一样宽容，他对朝廷的忠诚之心从未改变，所谓的郭子仪即将谋反，那都是无稽之谈。唐代宗随后安慰了郭子仪，并将郭子仪留在长安居住了几个月，直到次年三月郭子仪才回到河中。

但是就在郭子仪暂居长安期间，郭子仪的家里出事了。

郭子仪曾经在军中下达命令，严禁任何人在军营中骑马，结果768年二月却有人犯了这个禁忌。违反军法的这个人并不是普通人，而是郭子仪妻子乳母的儿子。在古代，乳母的地位是非常高的。乳母不仅负责给孩子哺乳，而且还会负责照顾孩子幼年时期的生活，在很多人的眼里，乳母的地位几乎和亲生母亲一样重要。因此在郭子仪的妻子看来，乳母的儿子几乎就是自己的亲兄弟，同自己十分亲近。

对于这样一位背靠郭令公的犯法者，如果是一位普通的执法官员，估计只会装作没看见，或者是象征性地处罚一下了事，但是当天执法的恰恰是一位刚正不阿的都虞候。这位都虞候的名字并没有流传下来，但是他做了一件相当有勇气的事情，他直接下令将违反军法者杖杀！听闻乳母的儿子被杀，郭子仪的妻子非常生气，此外郭子仪的儿子们也怒不可遏：竟然敢明目张胆地杀我们郭家的人，简直太不把父亲放在眼里了！于是郭子仪的儿子们纷纷跑去向郭子仪哭诉，指责这位都虞候实在是太过于专横，根本不给郭家留一点面子，请求父亲出面处罚他。

听闻几个儿子这么说，郭子仪也很生气，不过让他生气的不是都虞候的做法，而是自己的儿子竟然这么不明事理！郭子仪怒斥道："军法是由我所立，都虞候执行军法处死犯法者，天经地义！如果因为犯法者是我郭家的人就网开一面，那么士兵们会怎么想？军法的威严何在？我郭子仪的威信何在？今后我在军中还能服众吗？那名都虞候不但不应该处罚，反而应当给予奖赏。反倒是你们几个人，只想着一己之私，竟然敢抛弃国家大义，我日常对你们的教育都白费了吗？你们都给我滚回去！"

郭子仪对自己的下属谈起此事，说完之后，郭子仪叹息道："我郭子仪的儿子，都是一群不明事理的人，不想着赏赐我属下的都虞候，反倒都在怜惜犯了罪被处死的乳母之子，这实在是荒唐！"

768年九月，边关再度传来急报，吐蕃军队又入侵了。此次吐蕃军队兵分两路，主力部队十万人进攻灵武，吐蕃大将尚赞摩率领另一路军队两万人进攻邠州。

早已对郭子仪极度依赖的唐代宗立刻命令郭子仪率领河中兵马前去抵御吐蕃。相比于一年前，此时的郭子仪的兵力更为雄厚，去年他率领的军队还只有三万人，此时他麾下的河中大军已经达到了五万人，战斗力在唐军中首屈一指。经过几年的经营，此时郭子仪已经打造了一支新的"朔方军"，这支军队将会在郭子仪的率领下成为唐朝的重要支柱。

虽然此次郭子仪兵力雄厚，但是还没等他出手，其他唐军就已经将进攻的吐蕃军队击败了。

首先反击吐蕃的是朔方将领白元光。白元光曾经也是郭子仪的部将，757年郭子仪率军收复长安的过程中，就是由白元光率军首先攻入宫城，他也因此立下大功。此次面对吐蕃进攻，白元光毫不畏惧，他率军在灵武城下大败吐蕃军队两万余人，打退了吐蕃军队的进攻。

与此同时，凤翔节度使李抱玉准备派右军都将李晟率领五千人反击吐蕃，结果李晟说道："以力则五千不足用，以谋则太多。"于是李晟仅仅带领千余人就出发了。李晟带着部队昼伏夜出，倍道兼行，出大震关，而后至临洮，在这里有一座吐蕃人修建的堡垒定秦堡。李晟率军犹如神兵天降，突然出现在定秦堡城下，守卫的吐蕃军队猝不及防，唐军顺利攻克定秦堡，俘虏吐蕃守将慕容谷种，随后将堡垒烧毁。

连续遭到两场大败，吐蕃军队不得不撤灵武之围返回。

吐蕃军队屡屡入侵，京师长安几乎岁无宁日，唐代宗为此忧惧不安。宰相元载认为，吐蕃军队之所以能够屡屡威胁长安，一个很重要的原因就是当时驻守邠州和宁州的马璘，虽然他手握重兵，但是指挥能力不足，根本无法有效抵御吐蕃军队。这就导致吐蕃军队经常视唐军在邠州和宁州的防御为无物，长驱直入进攻长安，这种情况亟待改变。那么由谁来负责邠州和宁州一带的防御呢？最合适的人选自然就是郭子仪。

于是元载向唐代宗建议道："郭子仪以朔方重兵镇河中，深居腹中无事之地。先王作兵，置之四境，所以御戎狄也。今内地无虞，朔方军在河中，泽潞军在鳌屋，游军伺寇，不远京室，王畿之内，岂假是邪！必令损益，须自此始。"郭子仪率领朔方重兵镇守河中，却处于没有战事的腹心之地，这种情况必须改变，京师长安一带的防御必须加强。于是在元载的建议下，唐代宗正式下诏，郭子仪兼任邠宁庆三州节度使，率领原本驻防河中的朔方军移驻邠州，马璘改任泾原节度使，移驻泾州。

对于元载的建议，郭子仪觉得是没什么问题的。马璘率军由邠州和宁州移驻泾州，自己率领大军驻防邠州，这样唐朝对阵吐蕃前线的兵力将更加雄厚，同时自己和马璘互为犄角，也可以建立更加巩固的边防线。但是唯一让郭子仪担心的是军粮供应问题。邠州和宁州一带是对吐蕃作战的最前沿，饱经战火，经济凋敝，人民生活非常困苦，所以根本无法为大军提供稳定的粮食。自己此次移驻邠州，带领着的将会是数万大军，这么多人的部队，军粮从何而来呢？

对于郭子仪的担心，元载表示："如果你觉得边土荒残，无法供应军粮，那么我会想办法从内地运来的租税里面向你调拨的。"对于元载提供的解决方案，郭子仪不置可否。郭子仪明白眼下确实是没有更好的解决方法，但是内地物资运输到长安本就成本极高，若是再由长安运输到邠州，那么在运输上的花费将会更加巨大，长此以往，国家有这么强大的物力供应大军长期在邠州驻防吗？郭子仪的心中充满了忧虑。

769年正月，郭子仪再次入朝，拜见皇帝。在正事忙完之后，郭子仪收到一个消息：鱼朝恩要邀请他同游章敬寺。章敬寺位于长安通化门外，767年，鱼朝恩献出通化门外庄宅修造章敬寺，以为章敬太后求福。章敬寺修得极其华丽，建造过程中城中的木材不够用，鱼朝恩就下令拆毁曲江亭馆、华清宫观楼、百司行廨以及没收的官员住宅。在国库已经空虚的情况下，为了修建章敬寺，朝廷花费的资金以亿万计，这给国家和百姓都造成了巨大的负担。

虽然章敬寺的修建是绝对的祸事，但是鱼朝恩并不这么认为。在鱼朝恩看来，能够建造完成如此规模宏大、富丽堂皇的章敬寺，是自己的一大功绩，即使将来自己死了，世人看到章敬寺依然会想起鱼朝恩，这样自己就可以随着章敬寺万古流芳了。正因如此，鱼朝恩才会邀请郭子仪同游章敬寺，以炫耀自己的这一功绩，同时也希望借此舒缓一下因为郭子仪父亲坟墓被刨而受到严重影响的两人的关系。

听闻此事后，反应最大的并不是郭子仪，而是宰相元载。不过元载担心的不是郭子仪的安全，而是鱼朝恩会和郭子仪交好，进而结成政治联盟。鱼朝恩是朝中权力最大的宦官，而郭子仪是朝外最有影响力的将军，一旦两人联合，内外配合，那么想要掌控朝政简直是易如反掌，到时候自己这个宰相岂不是成了傀儡？因此元载绝对不能容忍两个人交好，于是他立刻派人去告诉郭子仪，鱼朝恩邀请他同游章敬寺是假，他的真实目的是要借机会暗害郭子仪。

对于元载的话，郭子仪根本不信。以郭子仪现在的地位和名望，鱼朝恩有可能会打压或者迫害他，但是根本不敢要郭子仪的命。即使鱼朝恩真的要杀郭子仪，也不可能在章敬寺。试想一下，如果鱼朝恩真的在自己大费周章、亲手修建的章敬寺杀了郭子仪，那实在是太过于疯狂了，即使他不担心皇帝的处罚和天下人的悠悠之口，他就不担心郭子仪麾下数万士兵手中的战刀吗？

可是郭子仪这么想，不代表他手下的人也这么想。为了阻止郭子仪去章敬寺，元载还派人把鱼朝恩要在章敬寺暗害郭子仪的消息告诉了郭子仪手下的人。结果跟随郭子仪来长安的三百名士兵全部身披甲胄，手持战刀，请求跟随郭子仪一起去章敬寺，以保护郭子仪的安全。

看到众将士反应这么大，郭子仪劝说道："我身为国家的大臣，如果没有皇帝的命令，鱼朝恩怎么可能有胆子害我？如果有皇帝的命令，那么你们去了又有什么用呢？"说罢，郭子仪就遣散了众将士，让他们回营休息，自己仅仅带着几名仆人就去了章敬寺。

在章敬寺门口等待的鱼朝恩看到郭子仪带着几名仆人就来了，并且这几名仆人既没有穿戴甲胄，也没有携带武器，对此极为震惊。对于这次邀请，鱼朝恩其实心里并没有底，他不知道郭子仪会不会来，在鱼朝恩看来，即使郭子仪来，也必定会准备充分提防着自己，肯定会带着大队人马。可是郭子仪今日的行为完全出乎鱼朝恩的预料，一瞬间反倒让鱼朝恩不知所措。

鱼朝恩问郭子仪："何以车骑之寡？"他不理解郭子仪怎么带着这么点人就来到这里。

郭子仪哈哈一笑，解释道："恐烦公经营耳。"随后把之前的事情全部给鱼朝恩讲了一遍。听完郭子仪的讲述之后，鱼朝恩感动得痛哭流涕，他不禁说道："若非像您这样的长者，怎能如此大度坦荡，不起疑心呢？"鱼朝恩自此对郭子仪敬佩万分，不再与之为敌。就这样，郭子仪用自己的豁达与包容，成功地让自己的政敌对自己肃然起敬。

此时的鱼朝恩不会想到，元载会成为自己生命的终结者。

因为鱼朝恩权势滔天，所以元载一直虚与委蛇，隐忍不发，暗地里却一直在寻找时机。769年，元载密奏唐代宗，历数鱼朝恩罪行，建议代宗将其诛除。唐代宗对鱼朝恩非常忌惮，授意元载策划行动。元载以重金收买鱼朝恩的亲信皇甫温和周皓，全盘掌握鱼朝恩的行踪。按照元载的计策，770年三月，唐代宗在禁中设宴，宴席结束后将鱼朝恩留下，指责他意图不轨。鱼朝恩争辩不已，言语傲慢，周皓指挥武士拿下鱼朝恩，将其缢杀。鱼朝恩至此结束了自己罪恶的一生。

第三节　西境柱石

在此次离开长安之后，郭子仪就正式前往邠州就任，他将河中的精锐部队全部调到邠州驻防，其他部队分别守卫河中和灵州。在郭子仪率军由河中移驻邠州之后，郭子仪担心的事情很快就发生了。邠州一带的经济发展水平远不及河中地区，士兵来到邠州之后，不仅粮食供应非常困难，而且还要开荒种地，因此生活非常辛苦。再加上这些士兵大部分都已经在河中安家，所以非常不愿意前往邠州，很多士兵偷偷逃回河中，导致在邠州的士兵数量日益减少，这严重影响了邠州的安全。

郭子仪历来以对士兵管理宽松而著称，但是郭子仪的这种宽松是有底线的，这个底线是绝对不能影响国家的社稷安危，而邠州士兵的大量逃亡明显触及了郭子仪的底线，因此即使是宽厚如郭子仪，这次也不得不痛下杀手了。在郭子仪的命令之下，行军司马严郢带人严密搜捕逃亡士兵，将他们悉数捉拿归案，并且将其中带头的人全部斩首，这才遏制了士兵逃亡的现象。

对于士兵逃亡的原因，郭子仪肯定是清楚的，他应该也是理解的。可是在郭子仪看来，国家利益明显高于士兵个人利益，因此他必须有所取舍。慈不掌兵，义不掌财，自古以来莫不如是。

在郭子仪率军移驻邠州之后，吐蕃的攻势并没有停止。769年九月，吐蕃军队进攻灵州，当地守将常谦光率军将吐蕃军队击退。十月，吐蕃军队进攻鸣沙，军队首尾长达四十里，声势浩大，常谦光向郭子仪求援。郭子仪派遣兵马使浑瑊率领五千精兵救援常谦光，同时自己亲自率领主力部队前进至庆州，威胁吐蕃军队的后路，吐蕃军队闻讯后急忙撤退。

770年九月，吐蕃军队进攻永寿。771年九月，吐蕃军队越过下青石岭，驻军于那城。对于吐蕃军队的这种越界行为，郭子仪派人对其进行了斥责，吐蕃军队遂撤兵而回。772年四月，吐蕃军队五千骑兵进攻灵州，见唐军防守严密，无机可乘，遂撤军而回。773年八月，吐蕃军队六万人进攻灵武，但是他们依然无法攻克灵武，遂毁掉灵武附近田地里面的庄稼之后悻悻而回。

从769年到773年四年多的时间里，吐蕃军队的进攻频率不减反增，但是在郭子仪等人的严密守卫之下，吐蕃军队没有占到丝毫的便宜，每次都是无功而返。虽然防御卓有成效，但是郭子仪心里很清楚，吐蕃人是不会善罢甘休的，他们肯定还会发动大规模进攻。

郭子仪的推测没有错，773年十月，前方传来急报，吐蕃军队十余万人直奔邠州和泾州而来！郭子仪立刻命令朔方兵马使浑瑊率领步骑兵五千人前往宜禄阻击。

在到达宜禄之后，浑瑊亲自登上黄蒉原观察敌情。看到吐蕃军队的先锋部队以骑兵为主，浑瑊立刻下令部队在地形险要之地扎营，并且在营地四周布设拒马以防备敌军骑兵的冲击。但是浑瑊手下的将领史抗、温儒雅等人自认是功勋宿将，所以根本不把浑瑊放在眼里，对于浑瑊的一系列命令置若罔闻。浑瑊命令他们前来议事，结果他们早已喝得酩酊大醉。

史抗和温儒雅看到浑瑊布设的拒马，立刻命令全部撤掉，并且非常嚣张地表示："见到敌人就应该主动进攻，要这些拒马有什么用！"随后史抗和温儒雅亲自率骑兵进攻吐蕃军队，结果吐蕃军阵坚固，唐军始终无法冲破吐蕃军阵，只得无功而返。吐蕃军队趁机发起大规模反攻，唐军一败涂地，士卒战死者十之七八，附近的百姓也有千余人被吐蕃军队掠走，浑瑊等人仅以身免。

就在浑瑊与吐蕃军队交锋战败的同时，驻防泾州的泾源节度使马璘率军与吐蕃战于盐仓，结果也遭遇失败。因为撤回泾州的道路被吐蕃军队阻隔，所以马璘一直到傍晚都没回到泾州，反倒是泾原兵马使焦令谌率领着一群败兵逃到泾州城下，要求进城。

当时守卫泾州的是行军司马段秀实，看到城下一群乌泱泱的乱兵要进城，很多人都担心这里面有可能混有吐蕃奸细，所以都劝说段秀实不要放他们进城。对此段秀实说道："主帅不知在何处，当前的任务是集结力量攻击敌军，怎么能因为担心奸细威胁自己的安全，就拒绝他们进城呢？"于是段秀实立刻下令放这些败兵进城。

在见到焦令谌等人后，段秀实斥责道："军法规定，主将丧命，部下都得处死，你们也一样！"焦令谌等人惶恐，纷纷跪地求饶。段秀实于是派遣所有城中没有参加过战斗的士兵出城，在东原布阵，并收罗散兵游勇，摆出准备拼死作战的姿态。吐蕃看到唐军的阵势，心中颇为畏惧，于是逐渐撤军。入夜马璘才得以回城，泾州转危为安。

唐军连遭败绩，郭子仪非常自责。在军事会议上，郭子仪对诸将说道："败军之罪在我，不在诸将。然朔方兵精闻天下，今为虏败，何策可以雪耻？"听到郭子仪的询问，诸将都默不作声，只有浑瑊说道："败军之将，不当复预议。然愿一言今日之事，惟理瑊罪，不则再见任。"浑瑊认为，自己是败军之将，虽然想发表一下自己的意见，但是有罪在身，希望郭子仪能够先宽恕他之前战败的罪过。于是郭子仪宽恕了浑瑊的战败之罪，接下来浑瑊讲述了自己的御敌方略，郭子仪表示赞同，随后就命令浑瑊率军前往朝那，继续迎战吐蕃军队。

吐蕃军队连续击败唐军，志得意满，于是继续进攻汧州和陇州。听闻吐蕃军队继续深入，盐州刺史李国臣对属下说道："吐蕃人肯定想乘胜进犯长安一带，如果我们能够断其后路，敌人一定会撤军返回。"于是李国臣率军大张旗鼓地向秦原一带进发，吐蕃军队闻讯后，果然在到达百城之后急忙掉头返回。

就在吐蕃军队返回的途中，浑瑊率军出现了。浑瑊率军在险要之地设伏，大败吐蕃军队，将之前被吐蕃军队抢走的百姓和财物又全都抢了回来。同时马璘也率精兵袭击了在潘原的吐蕃辎重部队，斩杀吐蕃军队数千人。吐蕃军队见处处遭到唐军袭击，遂撤军返回。

常言道，福无双至，祸不单行。唐代宗好不容易才把这一波进攻的吐蕃军队挡回去，回纥人又开始趁火打劫了。

在郭子仪单骑退回纥之后，回纥人虽然不再对唐朝发动武力进攻，但是对唐朝的财物勒索从来没有停止过。回纥人勒索的方式主要是马匹贸易，按说如果马匹的价格公道，双方各取所需，这本是很正常的事情，可是回纥人经常把一些瘦弱的马匹强行卖给唐朝，并且还要求唐朝用强壮马匹的价钱来购买，这就是赤裸裸的抢劫。更加过分的是，回纥人每次互市要求唐朝购买的马匹数量经常多达数万匹，唐朝根本无力支付，因此疲于应付，苦不堪言。每当唐朝购买的马匹数量达不到回纥人的要求时，回纥就派遣使者到长安三天两头地骚扰唐朝政府机关。

773年七月，回纥人故技重施，再次要求唐朝购买他们的数万匹马。为了能够专心对付吐蕃，唐代宗只得取悦回纥，将所有战马尽数购买，还额外赏赐了回纥大量财物。这次贸易，回纥人从中获利极为丰厚，据史书记载，回纥人返回的时候运输财物的马车便有一千多辆。

唐代宗本以为自己对回纥已经如此忍让，回纥人怎么也可以给自己一段喘息的时间，但是到了这年十一月，回纥人又来了，他们要求唐朝购买他们一万匹马。回纥人的举动彻底把满朝官员

惹怒了，很多人都主张绝对不能答应回纥人的要求，最多买一千
匹，将他们打发走。

此时的郭子仪保持了难得的清醒，虽然他也觉得回纥人实在
是太过分，可是他心里非常清楚，单单一个吐蕃已经让唐朝的西
部防线承受了巨大的压力，此时唐朝是绝对经不起两线作战的，
因此哪怕回纥人的要求再过分，唐朝也必须咬着牙答应。于是郭
子仪向唐代宗上疏，他表示回纥人对唐朝立有大功，所以不能惹
怒他们，他请求捐出自己一年的俸禄来帮助朝廷买下回纥人的这
一万匹马。

唐代宗明白郭子仪的意思，但是如果完全答应回纥人的要
求，唐代宗又咽不下这口气，于是最终下诏购买回纥马匹六千
匹，同时唐代宗谢绝了郭子仪捐献俸禄的好意，他表示朝廷尚有
余力应付回纥人。虽然郭子仪的建议没有被完全采纳，但是郭子
仪公忠体国的作风得到了广泛传扬，获得了天下人的称赞。

第四节　溘然长逝

774年二月，郭子仪再次入朝觐见唐代宗。见到郭子仪之
后，唐代宗和郭子仪聊起如何更好地加强西部国防。唐代宗说
道："朔方，国之北门，中间战士耗散，什才有一。今吐蕃兼
河、陇之地，杂羌、浑之众，势强十倍。愿更于诸道各发精卒，
成四五万人，则制胜之道必矣。"

唐代宗认为，朔方是国家的北大门，朔方军为国征战，当初的那些老兵现在已经十不存一，而如今吐蕃实力极为强大，他希望能够征调各道的精兵，组成一支四五万人的精锐部队，这样就可以立于不败之地了。

听到唐代宗的话，郭子仪不禁悲从中来。当前西部的国防问题是四五万精兵能够解决的吗？作为防御的一方，唐军需要把大量的部队分散部署在各战略要地，兵分则力微，而吐蕃军队实力强大，每次出兵动辄五万人，甚至是十万人，唐军根本无法与其正面交锋，即使再增加几万人，也只能被动应对。自己在河中的部队已经有了五万人，战斗力也不弱，可是调到西线之后依然无法从根本上解决问题，这就是明证。

即使真的能够打败吐蕃人，西部国防就真的安稳了吗？别忘了还有回纥人呢。唇亡齿寒的道理回纥人肯定是明白的，当吐蕃和唐朝处于均势状态的时候，回纥人可以肆无忌惮地勒索唐朝，从中渔利，这种均势一旦被打破，回纥人就什么都得不到了，所以他们不会容忍吐蕃被唐朝彻底打败。因此，即使唐朝真的有机会彻底打败吐蕃人，回纥人也会在关键时刻搅局。

这是一个死局，郭子仪想不到破局的办法，并不是因为郭子仪黔驴技穷，只是因为当前唐朝国力疲弱，实在是无法为郭子仪提供多少破局的选择。如果是在大唐国力强盛的时期，即使同时应对回纥和吐蕃，大唐依然游刃有余，那时候周边各族谁敢造次？只可惜今非昔比了！

想到这里，郭子仪不禁泪流满面……

在离开长安之际，郭子仪将自己多日的所思所想写成奏疏上呈唐代宗，在奏疏中他写道：

朔方，国之北门，西御犬戎，北虞猃狁，五城相去三千余里。开元、天宝中，战士十万，战马三万，才敌一隅。自先皇帝龙飞灵武，战士从陛下收复两京，东西南北，曾无宁岁。中年以仆固之役，又经耗散，人亡三分之二，比于天宝中有十分之一。今吐蕃充斥，势强十倍，兼河、陇之地，杂羌、浑之众，每岁来窥近郊。以朔方减十倍之军，当吐蕃加十倍之骑，欲求制胜，岂易为力！

近入内地，称四节度，每将盈万，每贼兼乘数四。臣所统将士，不当贼四分之一，所有征马，不当贼百分之二，诚合固守，不宜与战。又得马璘牒，贼拟涉渭而南。臣若坚壁，恐犯畿甸；若过畿内，则国人大恐，诸道易摇。外有吐蕃之强，中有易摇之众，外畏内惧，将何以安？

臣伏以陛下横制胜之术，力非不足，但虑简练未精，进退未一，时淹师老，地阔势分。愿陛下更询谠议，慎择名将，俾之统军，于诸道各抽精卒，成四五万，则制胜之道必矣，未可失时。臣又料河南、河北、山南、江淮小镇数千，大镇数万，空耗月饩，曾不习战。臣请抽赴关中，教之战阵，则军声益振，攻守必全，亦长久之计也。臣猥蒙任遇，垂二十年，今齿发已衰，愿避贤路，止足之诚，神明所鉴。

在这篇奏疏中郭子仪主要表达了三点意见：

第一，朔方的实力已经很弱了。自从安史之乱以来，朔方的人口已经减少了三分之二，现在人口数量只是天宝年间的十分之一，根本不足以提供一支强大的军队了。

第二，吐蕃实力极为强大。吐蕃靠近唐朝的地方有四名节度使，每名节度使麾下有四名将军，每名将军率领一万人，总计十六万人，是唐军的数倍，唐军处于完全的劣势。自己在指挥作战过程中难以应对。

第三，皇帝之前提出的策略可以实行。除了皇帝之前提出的抽调四五万精兵外，郭子仪还建议将内地的老弱之兵全部调到西部前线，交给自己亲自训练，以练就一支劲旅。郭子仪为什么最终同意了皇帝的策略呢？应该是因为他也想不出更好的方略了吧。

最后郭子仪还提出，自己已经年老体衰，应该让贤了。

对于郭子仪的奏疏，唐代宗回复道："卿忧深虑远，殊沃朕心，始终倚赖，未可执辞也。"代宗不肯让郭子仪这样的国之柱石离开。

775年三月，郭子仪再次由长安回到邠州。此次入朝，郭子仪经历了一件让他不快的事情，他一直向朝廷建议提拔一名县官，结果朝廷始终不答应。对此郭子仪的僚属议论道："以令公的功劳和德行，想要提拔一名县官朝廷都不同意，那些朝中的宰相也太不把令公放在眼里了！"

郭子仪听后说道："自兵兴以来，方镇武臣多跋扈，凡有所求，朝廷常委曲求全；原因无他，担心他们造反罢了。今天我上奏的事情朝廷始终不答应，就证明皇帝并不把我和其他武将同等看待，对我是很信任的。这是一件值得祝贺的事情，有什么好奇怪的呢？"众人听闻郭子仪的这段话，无不拜服，他们都深深敬佩郭子仪的心胸。

在此后的几年里，郭子仪依然承担着西境防御的重任，抵御吐蕃的频繁入侵。777年九月，吐蕃八万大军抵达原州以北的长泽监，随后攻破方渠，进入拔谷。郭子仪派李怀光率军救援，吐蕃撤退。十月，吐蕃再次入侵盐州、夏州和长武，郭子仪再次派兵将其击退。

778年八月，吐蕃军队两万人入侵银州、麟州，郭子仪派李怀光率军将其击退。九月，吐蕃军队再次越过青石岭，进逼泾州，郭子仪、朱泚、段秀实等人共同率军将其击退。

在这几年的征战中，李怀光多次率军出击，立下大功，郭子仪非常看好李怀光的未来，认为他将来有望成为自己的继任者。但是让郭子仪没想到的是，李怀光为人狠毒，他已经等不及了，他不愿意再久居郭子仪之下。

778年十二月，郭子仪入朝，临走前郭子仪让杜黄裳总理军务。李怀光阴谋发动兵变取代郭子仪，于是他伪造皇帝的诏书，想要诛杀大将温儒雅等人，以掌握军中实权。杜黄裳察觉出其中有诈，于是质问李怀光诏书是真是假，李怀光的回答漏洞百出，最后不得不承认自己伪造诏书和意图发动兵变的阴谋。杜黄裳立刻假托郭子仪的命令，将那些难以管束的将领全都派往外地，这才稳定了邠州的局势。郭子仪将此事禀告唐代宗，但是唐代宗并未给予李怀光任何处罚。

李怀光的背叛让郭子仪痛心不已，或许是这件事严重影响了郭子仪的情绪，导致他失去判断力，此时郭子仪犯下了或许是他人生中最让他懊悔的错误。

时任朔方节度副使张昙性情直率，说话毫无遮拦，因此多次惹得郭子仪不快，郭子仪认为这是因为张昙觉得自己是武将，因此轻视自己，所以逐渐忌恨起张昙。此时幕僚吴曜从中挑拨构陷，郭子仪大怒，便向唐代宗诬陷张昙煽动士兵意图谋反，将领高郢力陈张昙无辜，但是郭子仪根本不听，反倒将高郢贬为猗氏县丞。最终张昙被诛杀。此事之后，郭子仪的很多僚属对郭子仪非常失望，纷纷称病辞职，郭子仪非常后悔，这才察觉了事情的真相，感叹道："吴曜误我。"于是将吴曜逐出了自己的幕府，而向朝廷推荐手下那些请假的官员，让他们被提拔。

779年五月二十日，长安传来消息，唐代宗病逝，享年五十四岁，三十八岁的皇太子李适继位，是为唐德宗。

常言道新官上任三把火，新皇帝继位也是一样，但是郭子仪或许没有想到，新皇帝上任之后的第一把火，就烧到了自己的头上。

当时的郭子仪在朝中绝对是一人之下万人之上，从郭子仪身兼的官职之多就可见一斑：司徒、中书令领河中尹、灵州大都督，单于、镇北大都护，关内、河东副元帅，朔方节度、关内支度、盐池、六城水运大使，押蕃部并营田及河阳道观察等。郭子仪权力大、威望高，同时郭子仪宽松的管理风格也引发了一系列的问题，所以唐代宗就想削弱郭子仪的权力，但是一直下不了决心。现在唐德宗继位，他决心对郭子仪开刀。

唐德宗刚刚继位，就下令将郭子仪调回长安，进位太尉，仍兼中书令，充任皇陵使，赐号"尚父"，并加食邑至两千户，每月给郭子仪足够一千五百人和二百匹马食用的粮食，同时给郭子仪的亲属等十余人升官。但是作为代价，唐德宗下令将郭子仪的其他官职全部罢免，将这些官位分别授予李怀光、浑瑊和常谦光三人。

对于这一次贬官，郭子仪的内心毫无波澜，甚至他内心早已隐隐盼望朝廷把自己免职了。常言道"人活七十古来稀"，此时的郭子仪已经八十三岁了，他实在是力不从心。从安史之乱到现在已经二十多年了，这二十多年里郭子仪为朝廷劳心劳力，夙兴夜寐，不敢有一丝一毫的懈怠，他实在是累了。现在皇帝给予自己如此之高的礼遇，让自己极为体面地离开，这难道就不是最体面的结局吗？

结束吧，我也该歇歇了……

但是即便已经退居二线，郭子仪依然保持着他谨小慎微的性格，因为他明白自己已经活不了几年了，他实在是不愿意晚节不保，有一件事可以作为例证。

时任御史中丞卢杞相貌丑陋，但是能言善辩，唐德宗非常喜欢他。郭子仪日常接待客人的时候，都让姬妾在旁侍奉，但是卢杞来访的时候，郭子仪屏退了所有姬妾，独自接待。后来有人问他原因，郭子仪说道："卢杞相貌丑陋并且内心阴险，如果那些姬妾看到卢杞的相貌后忍不住笑起来，那么等他日卢杞身居高位，我们恐怕会被灭族啊！"

而且，郭子仪的汾阳王府与其他重要官员的府邸不同，不仅四门大开，门口也没有森严的守卫，里里外外任由人们自由进出，无须任何通报和请示，极其宽松。

郭子仪的一个儿子觉得父亲这样做不妥，说："父亲作为汾阳王，堂堂王府，外人却可随意进出，传出去岂不有损名誉！"郭子仪听后，微微一笑："你的心事我何尝不知道，但是你有没有想过，如果现在我把汾阳王府的大门都关上，不轻易与他人交往，而是摆出一副神秘莫测的样子，接下来会发生什么事情？"

儿子连连摇头表示不知。

"将会带来杀身灭族之祸！"郭子仪替儿子答道。"我们一旦做出汾阳王府门深似海的样子，别有用心的小人就会到皇上那里报告，他们会猜测和诬陷我，说我密谋造反。这些话说得多了，皇上也难免会起疑心。现在我们四门大开，任何人都可以进出，府内的一切都明明白白展示于世人，无遮无挡，无秘密可言，那些想诬陷我的人便找不到借口了，皇上也会放心，而这正是我避免郭家被灭门的用意所在呀。"

不仅郭子仪想要明哲保身，周围的人也都在帮助这位老臣力保晚节。唐德宗继位之后，下令不许任何人在皇陵附近屠宰牲畜，结果郭子仪的一名仆人在皇陵附近杀羊，此人被右金吾将军裴谞擒获，裴谞立刻将此事奏报皇帝。周围有人劝说裴谞："郭令公立有大功，你就不能留点余地吗？"

裴谞回答道："我之所以这么做，就是为郭令公着想。郭令公德高望重，当今皇帝刚刚继位，他认为所有人都依附于郭令公，所以我才告发郭令公的小过，让皇帝手里有把柄，这样皇帝就会减少对郭令公的畏惧。我这样做上尊天子，下安大臣，这才是最好的解决方法！"

就这样，郭子仪平稳地度过了自己人生的最后两年。

781年夏，郭子仪病重，唐德宗命舒王李谊前往探病，郭子仪已经不能行叩拜礼，只能作揖礼。六月十四日，郭子仪溘然长逝，享年八十五岁，朝廷追赠他为太师，赐谥号忠武，配飨代宗庙廷，陪葬建陵。唐德宗下诏废朝五日，命群臣吊唁，又亲临安福门送葬，并专门超越礼制，下诏将郭子仪的坟墓增高一丈。

郭子仪去世后，唐德宗专门下诏表彰郭子仪：

天地以四时成物，元首以股肱作辅，公台之任，鼎足相承，上以调三光，下以蒙五岳。允厘庶绩，镇抚四夷，体元和之气，根贞一之德，功至大而不伐，身处高而更安。尚父比吕望之名，为师增周公之位，盛业可久，殁而弥光。故太尉、兼中书令、上柱国、汾阳郡王、尚父子仪，天降人杰，生知王佐，训师如子，料敌若神。昔天宝多难，羯胡作祸，咸秦失险，河洛为戎。公能扶翼肃宗，载造区夏。于国有患，劳其戡定；于边有寇，借其驱除。安社稷必在于绛侯，定羌戎无逾于充国。绛台绥四散之众，泾阳降十万之虏。勋高今古，名慑夷狄，而劳乎征镇，二纪于兹。

顷以春秋既高，疆埸多事，罢彼旌钺，宠在台衡。以公柱石四朝，藩翰万里，忠贞悬于日月，宠遇冠于人臣，尊其元老，加以崇号，期寿考之永，养勋贤之德。膏肓生疾，药石靡攻，人之云亡，梁木斯坏。虽赗礼加等，辍朝增日，悼之流涕，曷可弭忘。更议追崇，名位斯极，而尊为尚父，官协太师，虽爵秩则同，而体望尤重。敛以衮冕，旌我元臣。圣祖园陵，所宜陪葬，式墓表文终之德，象山追去病之勋。千载如存，九原可作，册命之礼，有司备焉。可赠太师，陪葬建陵。仍令所司备礼册命，赗绢三千匹、布三千端、米麦三千石。

郭子仪去世后，流芳千古，历朝历代都对郭子仪推崇备至。北宋宣和五年（1123年），宋室依照唐代惯例，为古代名将设庙，七十二位名将中就包括郭子仪。明朝洪武二十一年（1388年），明太祖取古今功臣三十七人配享历代帝王庙，其中就有郭子仪。清朝康熙年间，遵循明朝旧例，取古今功臣四十一人配享历代帝王庙，郭子仪位列其中。

不仅如此，历朝历代无数文人墨客都给予郭子仪极高的评价，其中笔者觉得最贴切的莫过于《旧唐书》作者刘昫在《旧唐书·郭子仪传》中的一段记录：

史臣曰：天宝之季，盗起幽陵，万乘播迁，两都覆没。天祚土德，实生汾阳。自河朔班师，关西殄寇，身捍豺虎，手披荆榛。七八年间，其勤至矣，再造王室，勋高一代。及国威复振，群小肆谮，位重恩辞，失宠无怨。不幸危而邀君父，不挟憾以报仇雠，晏然效忠，有死无二，诚大雅君子，社稷纯臣。自秦、汉已还，勋力之盛，无与伦比……

赞曰：猗欤汾阳，功扶昊苍。秉仁蹈义，铁心石肠。四朝静乱，五福其昌。为臣之节，敢告忠良。

中唐政坛上，若以战功卓著来衡量，郭子仪其实算不上第一人，如李光弼"战功推为中兴第一"，治军带兵水准更胜一筹。然而历来人们都不是只以战功论英雄，史家对李光弼的评价是"功臣去就，可不慎邪"，评郭子仪却是"完名高节，烂然独著"。郭子仪有这般令人羡慕的结局是因为他深谙封建专制体制的特点，那就是对皇帝要绝对服从。君主的神圣光芒不容许为任何人所遮盖，而掌握生杀大权的皇帝身边从来就不会缺少奸佞之人，他们或多或少地左右着君主的决定。郭子仪生活在这种体制下，知道一定要低调地行走于制度的束缚中，能忍则忍，能让则让。他不争不抢，对于兵权军政谨遵皇帝安排，对于职位也多次推辞，这样既可提防君主的猜忌，也可防小人的陷害。

自古多少功臣良将因为一个错误的想法、一句不得当的话、一件看似不起眼的事而丢了性命，像郭子仪这般可以做到"权倾天下朝不忌，功盖一世主不疑"的屈指可数。或许郭子仪的智慧我们可以学到，但这背后隐藏着多少无奈与辛酸，为此又付出了多少代价，只有郭子仪自己心里清楚。